Conteúdo digital exclusivo!

Cadastre-se e transforme seus estudos em uma experiência única de aprendizado!

Acesse agora

Portal:

www.editoradobrasil.com.br/crescer

Código de aluno:

2333883A9274588

CB042187

Lembre-se de que esse código é pessoal e intransferível. Guarde-o com cuidado, pois é a única forma de você utilizar os conteúdos do portal.

Editora
do Brasil

Andressa Turcatel Alves Boligian • Camila Turcatel Alves e Santos • Levon Boligian

CRESCER

Geografia

2º ano

75 anos

Editora
do Brasil

Dados Internacionais de Catalogação na Publicação (CIP)
(Câmara Brasileira do Livro, SP, Brasil)

Boligian, Andressa Turcatel Alves
    Crescer geografia, 2º ano / Andressa Turcatel
Alves Boligian, Camila Turcatel Alves e Santos,
Levon Boligian. – 1. ed. – São Paulo: Editora do
Brasil, 2018. – (Coleção crescer)

    ISBN: 978-85-10-06819-2 (aluno)
    ISBN: 978-85-10-06820-8 (professor)

    1. Geografia (Ensino fundamental) I. Santos,
Camila Turcatel Alves e. II. Boligian, Levon. III. Título.
IV. Série.

18-15600   CDD-372.891

Índices para catálogo sistemático:
1. Geografia: Ensino fundamental 372.891
Maria Alice Ferreira - Bibliotecária - CRB-8/7964

1ª edição / 1ª impressão, 2018
Impresso no Parque Gráfico da Editora FTD

Editora do Brasil

Rua Conselheiro Nébias, 887
São Paulo, SP – CEP 01203-001
Fone: +55 11 3226-0211
www.editoradobrasil.com.br

abdr
ASSOCIAÇÃO
BRASILEIRA
DOS DIREITOS
REPROGRÁFICOS
Respeite o direito autoral

© Editora do Brasil S.A., 2018
Todos os direitos reservados

Direção-geral: Vicente Tortamano Avanso

Direção editorial: Felipe Ramos Poletti
Gerência editorial: Erika Caldin
Coordenação de arte: Cida Alves
Supervisão de revisão: Dora Helena Feres
Supervisão de iconografia: Léo Burgos
Supervisão de digital: Ethel Shuña Queiroz
Supervisão de controle de processos editoriais: Marta Dias Portero
Supervisão de direitos autorais: Marilisa Bertolone Mendes

Supervisão editorial: Júlio Fonseca
Consultoria técnica: Hilda Cardoso Sandoval e Waldirene Ribeiro do Carmo
Edição: Alício Leva e Gabriela Hengles
Assistência editorial: Lara Carolina Chacon Costa e Manoel Leal de Oliveira
Coordenação de revisão: Otacilio Palareti
Copidesque: Ricardo Liberal e Sylmara Beletti
Revisão: Alexandra Resende, Andréia Andrade, Elaine Cristina da Silva e
Maria Alice Gonçalves
Pesquisa iconográfica: Jonathan Santos e Léo Burgos
Assistência de arte: Letícia Santos
Design gráfico: Andrea Melo
Capa: Megalo Design e Patrícia Lino
Imagem de capa: Carlos Meira
Ilustrações: Alex Cói, Cláudio Chiyo, DAE (Departamento de Arte
e Editoração), Danillo Souza, Evandro Luiz, Isabela Santos, José
Wilson Magalhães, Jótah, Raitan Ohi, Reinaldo Rosa, Reinaldo Vignati,
Ricardo Dantas
Coordenação de editoração eletrônica: Abdonildo José de Lima Santos
Editoração eletrônica: Wlamir Miasiro
Licenciamentos de textos: Cinthya Utiyama, Jennifer Xavier,
Paula Harue Tozaki e Renata Garbellini
Controle de processos editoriais: Bruna Alves, Carlos Nunes,
Jefferson Galdino, Rafael Machado e Stephanie Paparella

QUERIDO ALUNO,

GOSTARÍAMOS DE LHE DAR AS BOAS-VINDAS.

AGRADECEMOS A VOCÊ POR ESTAR CONOSCO EM MAIS UMA INCRÍVEL AVENTURA DO CONHECIMENTO.

QUE TAL CONHECER MELHOR OS LUGARES E AS COISAS COM AS QUAIS CONVIVEMOS DIARIAMENTE?

AO ESTUDAR COM O AUXÍLIO DESTE LIVRO, ESPERAMOS QUE SUA CURIOSIDADE SEJA DESPERTADA E QUE VOCÊ POSSA VER O MUNDO QUE JÁ EXISTE À SUA VOLTA COM OUTROS OLHOS. GOSTARÍAMOS TAMBÉM QUE SEUS SENTIDOS FOSSEM ESTIMULADOS A CONHECER E RECONHECER UM MUNDO NOVO, QUE PRECISA DE SEU CUIDADO.

NESTE LIVRO DO 2º ANO, VOCÊ ESTUDARÁ ASSUNTOS RELACIONADOS À SUA CASA, SUA ESCOLA E A SEU COTIDIANO, ALÉM DE IDENTIFICAR OS ASPECTOS GEOGRÁFICOS DE SEU BAIRRO.

OS AUTORES

STOCKLIFEMAX/SHUTTERSTOCK.COM

SUMÁRIO

LORELYN MEDINA/SHUTTERSTOCK.COM

LORELYN MEDINA/ SHUTTERSTOCK.COM

LORELYN MEDINA/SHUTTERSTOCK.COM

NOSSA CASA, NOSSO LUGAR

1. COM A AJUDA DO PROFESSOR, LEIA O TEXTO. DEPOIS, COMPLETE O DIAGRAMA DE PALAVRAS.

SE VOCÊ FOSSE UMA CASA

SE VOCÊ FOSSE UMA CASA
QUE TIPO DE **CASA** GOSTARIA DE SER?
UMA CASA BEM GRANDE,
COM LUGAR PRA MUITA GENTE?
UMA CASA PEQUENA, LÁ NO ALTO DA SERRA?
UMA CASA ALEGRE, COM **BICHOS** E PLANTAS?
UMA CASA BEM GOSTOSA, COM UM **JARDIM** NO QUINTAL?
UMA CASA ANTIGA, COM **LAREIRA** E **CHAMINÉ**?
UMA CASA DE PAU A PIQUE,
UMA CASA DE SAPÊ?

NYE RIBEIRO SILVA. *JEITO DE SER*. SÃO PAULO: EDITORA DO BRASIL, 2013.

ILUSTRAÇÕES: RAITAN OHI

C	A	S	A		
B					
J					
L					
C					

▼ NOSSA CASA

TER UMA CASA PARA MORAR É IMPORTANTE? VOCÊ JÁ PENSOU SOBRE A CASA ONDE MORA? O QUE ELA SIGNIFICA PARA VOCÊ?

AO INICIAR OS ESTUDOS DE GEOGRAFIA, VOCÊ VAI CONHECER UM POUCO MELHOR O LUGAR ONDE MORA: A CASA.

OBSERVE A IMAGEM. NELA AS CRIANÇAS ESTÃO BRINCANDO NA CASA ONDE VIVEM.

CRIANÇAS BRINCANDO.

1. COMPLETE OS CÍRCULOS COM OS DESENHOS DAS MÃOZINHAS.

 SIM.    NÃO.

◯ AS CRIANÇAS DA FOTOGRAFIA PARECEM ESTAR FELIZES?

◯ VOCÊ ACHA QUE ELAS ESTÃO EM PERIGO?

◯ ELAS TÊM BRINQUEDOS SUFICIENTES PARA SE DIVERTIR?

2. AGORA RESPONDA: A CASA ONDE ESSAS CRIANÇAS MORAM É IMPORTANTE PARA ELAS?

3. QUE TAL CONVERSAR UM POUCO SOBRE A CASA ONDE VOCÊ VIVE? EM UMA RODA DE CONVERSA, TROQUE IDEIAS COM O PROFESSOR E OS COLEGAS SOBRE A CASA ONDE CADA UM VIVE.

- VOCÊ GOSTA DE SUA CASA?
- EM QUAL LUGAR DA CASA VOCÊ MAIS GOSTA DE FICAR?
- EM QUE LUGAR DELA VOCÊ FAZ SEUS TRABALHOS ESCOLARES?
- E QUAL É O LUGAR ONDE VOCÊ GERALMENTE FAZ AS REFEIÇÕES?
- EM QUE PERÍODOS DO DIA VOCÊ FICA EM CASA?
- SE PUDESSE, MUDARIA ALGUMA COISA NELA? O QUÊ?

ILUSTRAÇÕES: JÓTAH

QUANTOS CÔMODOS TEM UMA CASA?

SALA, COZINHA, QUARTO, BANHEIRO... QUANTAS PARTES PODE TER UMA CASA? E SUA CASA, COMO ELA É POR DENTRO?

SE VOCÊ OBSERVAR ATENTAMENTE AS MORADIAS, VAI PERCEBER QUE, EM GERAL, ELAS SÃO DIVIDIDAS EM PARTES CHAMADAS DE **CÔMODOS**.

VEJA UM EXEMPLO DESSAS DIVISÕES NA CASA DE ANA.

MINHA CASA TEM DOIS QUARTOS, SALA DE TV, COZINHA, BANHEIRO E UMA LAVANDERIA. AO TODO, MINHA CASA TEM SEIS CÔMODOS.

ALEX CÖI

JOSÉ WILSON MAGALHÃES

VEJA AGORA A CASA DE PEDRO:

1. AGORA, COM BASE NO QUE OBSERVOU, FAÇA O QUE SE PEDE.

   A) A CASA DE ANA TEM _____ CÔMODOS.

   B) A CASA DE PEDRO TEM _____ CÔMODOS.

   C) CIRCULE A RESPOSTA CORRETA: HÁ MAIS CÔMODOS NA CASA DE:

ANA   PEDRO

2. QUANTOS CÔMODOS A MAIS A CASA DE PEDRO TEM EM RELAÇÃO À CASA DE ANA?

   [ ] 3   [ ] 6   [ ] 8

O QUARTO

O QUARTO É ONDE GERALMENTE AS PESSOAS DORMEM E GUARDAM SUAS ROUPAS. VEJA A OBRA QUE O PINTOR HOLANDÊS VINCENT VAN GOGH FEZ PARA REPRESENTAR O QUARTO DELE.

VINCENT VAN GOGH. *QUARTO EM ARLES*, 1889. ÓLEO SOBRE TELA, 56,5 CM × 74 CM.

1. OBSERVE A PINTURA COM ATENÇÃO E RESPONDA:
   - QUAIS SÃO AS CORES QUE MAIS SE DESTACAM NA IMAGEM?
   - QUAIS OBJETOS VOCÊ CONSEGUE IDENTIFICAR?
   - O QUARTO ESTÁ ORGANIZADO OU DESORGANIZADO?

2. LEIA AS QUESTÕES E PINTE O QUADRADINHO QUE CORRESPONDE À RESPOSTA CORRETA.

QUARTO.

QUARTO.

- EM QUAL DOS QUARTOS DORMEM MAIS PESSOAS?

 A   B

- EM QUAL DOS QUARTOS HÁ MAIS OBJETOS PESSOAIS, COMO BRINQUEDOS, MATERIAL ESCOLAR E ROUPAS?

 A   B

- QUAL DOS QUARTOS ESTÁ MAIS ORGANIZADO?

 A   B

OBSERVANDO OBJETOS

NA PINTURA QUE VOCÊ VIU NA PÁGINA 12, O ARTISTA REPRESENTOU VÁRIOS OBJETOS DO QUARTO DELE. VEJA, POR EXEMPLO, A CADEIRA.

O PINTOR A REPRESENTOU ASSIM: VISTA DE LADO E DO ALTO. MAS ELE PODERIA TÊ-LA DESENHADO DE OUTRAS MANEIRAS. OBSERVE:

- A CADEIRA VISTA DE FRENTE;

- A CADEIRA VISTA DE CIMA PARA BAIXO.

VAN GOGH MUSEUM, AMSTERDAM

ILUSTRAÇÕES: RICARDO DANTAS

COMO VOCÊ VIU, É POSSÍVEL OBSERVAR OS OBJETOS DE POSIÇÕES DIFERENTES.

TAMBÉM É POSSÍVEL DESENHAR OBJETOS A PARTIR DESSAS OBSERVAÇÕES. VEJA.

VISÃO DE FRENTE

VISÃO DE CIMA

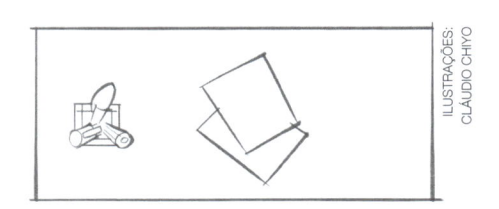

ILUSTRAÇÕES: CLÁUDIO CHYO

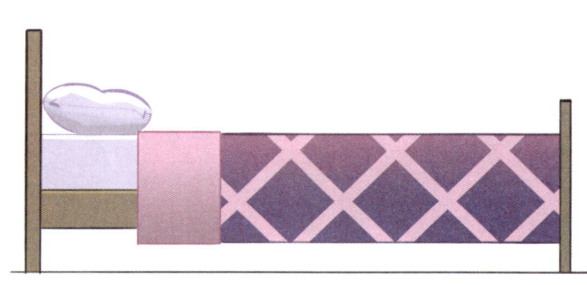
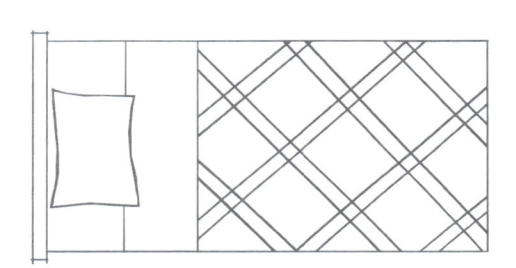

1. OBSERVE AS IMAGENS DOS DOIS MÓVEIS A SEGUIR. DESENHE-OS COMO SE VOCÊ ESTIVESSE VENDO DE CIMA PARA BAIXO.

VADARSHOP/SHUTTERSTOCK.COM

JUNIOR ROZZO/ROZZO IMAGENS

POEMAS

TODAS AS PESSOAS PRECISAM DE UMA CASA PARA MORAR. ELA É UM LUGAR MUITO IMPORTANTE NA VIDA DE CADA UM.

ACOMPANHE A LEITURA QUE O PROFESSOR VAI FAZER DO TEXTO A SEGUIR.

ISABELA SANTOS

SEM CASA

TEM GENTE QUE NÃO TEM CASA
MORA AO LÉU DEBAIXO DA PONTE
NO CÉU, A LUA ESPIA
ESSE MONTE DE GENTE NA RUA
COMO SE FOSSE PAPEL.

GENTE TEM QUE TER ONDE MORAR
UM CANTO, UM QUARTO, UMA CAMA
PARA NO FIM DO DIA
GUARDAR O SEU CORPO CANSADO
COM CARINHO, COM CUIDADO
QUE O CORPO É A CASA DOS PENSAMENTOS.

ROSEANA MURRAY. *CASAS*. BELO HORIZONTE: FORMATO EDITORIAL, 1994. P. 12.

VOCÊ GOSTOU DA LEITURA? ESSE TEXTO É UM **POEMA**. ELE TEM DUAS **ESTROFES**, OU PARTES. NA PRIMEIRA ESTROFE, A AUTORA FALA DE PESSOAS QUE NÃO TÊM ONDE MORAR. JÁ NA SEGUNDA ESTROFE, ELA FALA DA CASA COMO UM LUGAR DE DESCANSO E ACONCHEGO.

1. AGORA MARQUE UM **X** NA RESPOSTA CORRETA.

A) EM QUAL DAS ESTROFES O POEMA FALA DE COISAS BOAS?

☐ NA PRIMEIRA. ☐ NA SEGUNDA.

- CONTE AOS COLEGAS QUE COISAS BOAS SÃO ESSAS.

B) EM QUAL DAS ESTROFES O POEMA FALA DE COISAS TRISTES?

☐ NA PRIMEIRA. ☐ NA SEGUNDA.

- O QUE VOCÊ ACHOU TRISTE NO POEMA? CONTE AOS COLEGAS E AO PROFESSOR.

2. TODAS AS PESSOAS TÊM O DIREITO DE TER UMA CASA PARA MORAR. EM SUA OPINIÃO, O QUE PODE SER FEITO PARA QUE NÃO EXISTAM MAIS PESSOAS MORANDO NAS RUAS, PRAÇAS OU EMBAIXO DE VIADUTOS? DIGA O QUE VOCÊ PENSA SOBRE ISSO E OUÇA TAMBÉM A OPINIÃO DOS COLEGAS.

1. CONTE OS CÔMODOS DE CADA CASA E ESCREVA O NÚMERO NO QUADRO EMBAIXO DO DESENHO.

ILUSTRAÇÕES: RAITAN OHI

☐ CÔMODOS

☐ CÔMODOS

2. EM UMA FOLHA DE PAPEL, DESENHE SEU QUARTO. PARA ISSO, FECHE OS OLHOS E LEMBRE-SE DE COMO ELE É. VAMOS LÁ?

3. CIRCULE O NOME DE CADA OBJETO QUE GERALMENTE ENCONTRAMOS EM UM QUARTO.

CAMA   SOFÁ   COLCHÃO   TRAVESSEIRO

GUARDA-ROUPA   FOGÃO   RÁDIO

BICICLETA   TELEVISÃO   BRINQUEDOS

MICRO-ONDAS   GELADEIRA   FLORES

4. PINTE NO QUADRO ABAIXO AS PALAVRAS QUE LEMBRAM AQUILO QUE VOCÊ ESTUDOU NESTA UNIDADE.

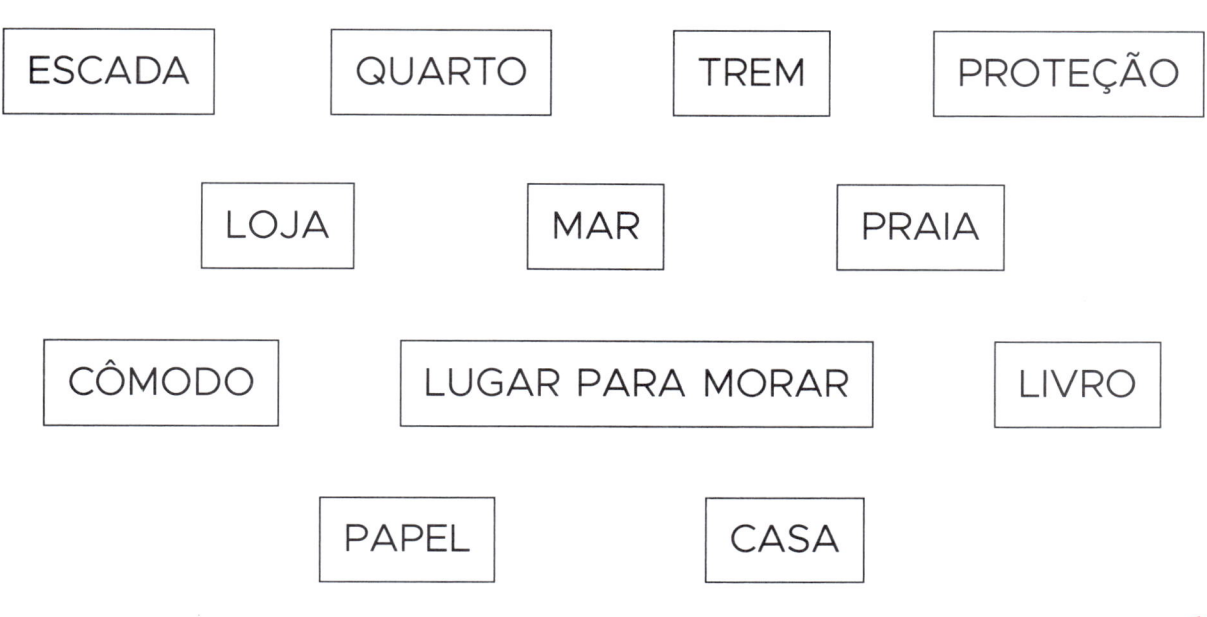

ESCADA   QUARTO   TREM   PROTEÇÃO

LOJA   MAR   PRAIA

CÔMODO   LUGAR PARA MORAR   LIVRO

PAPEL   CASA

📖 PARA LER

DENTRO DA CASA TEM..., DE MÁRCIA ALEVI. SÃO PAULO: SCIPIONE, 2009. DENTRO DA CASA TEM UM ARMÁRIO E, DENTRO DELE, UMA CAIXA. NESSA CAIXA HÁ UM VIDRO FECHADO. O QUE ELE GUARDA? APRENDA DE FORMA DIVERTIDA AO DESVENDAR ESSE SEGREDO.

EDITORA SCIPIONE

VAN GOGH E O PASSARINHO TÉO, DE MÉRCIA MARIA LEITÃO E NEIDE DUARTE. SÃO PAULO: EDITORA DO BRASIL, 2010. QUE TAL CONHECER OUTRAS OBRAS DO PINTOR VAN GOGH, ALÉM DAQUELA QUE JÁ VIMOS ANTERIORMENTE?

EDITORA DO BRASIL

QUERO CASA COM JANELA, DE ELZA CESAR SALLUT. SÃO PAULO: ÁTICA, 2008. É BOM TER UM LUGAR PARA MORAR. DONA OVOLINA ESTÁ DE CASA NOVA, MAS SÓ QUER SABER POR ONDE O SOL VAI ENTRAR.

EDITORA ÁTICA.

PONTO DE VISTA, DE SONIA SALERNO FORJAZ. SÃO PAULO: MODERNA, 2014. ESSE LIVRO FALA SOBRE OS OBJETOS VISTOS DE CIMA E DE FRENTE. DIVIRTA--SE FAZENDO COMPARAÇÕES ENTRE O TAMANHO E A POSIÇÃO DAS COISAS.

EDITORA MODERNA

UNIDADE 2
AS CASAS SÃO DIFERENTES

1. OBSERVE AS DUAS IMAGENS E TENTE DESCOBRIR AS OITO DIFERENÇAS ENTRE ELAS. CIRCULE-AS.

G. EVANGELISTA/OPÇÃO BRASIL IMAGENS

CASA EM PIRENÓPOLIS, GOIÁS, 2004.

G. EVANGELISTA/OPÇÃO BRASIL IMAGENS

REPRESENTAÇÃO DA MESMA CASA.

LUGARES DIFERENTES, MORADIAS DIFERENTES

VOCÊ JÁ PENSOU QUE UMA CASA NÃO É IGUAL A OUTRA? QUAIS SÃO AS DIFERENÇAS ENTRE AS CASAS QUE VOCÊ CONHECE?

DIVERSAS CASAS PODEM SER PARECIDAS NO TAMANHO E NA FORMA, MAS DIFICILMENTE SERÃO IGUAIS. ALÉM DISSO, MUITAS CASAS SÃO CONSTRUÍDAS DE ACORDO COM AS CARACTERÍSTICAS DO LUGAR ONDE SE ENCONTRAM.

VEJA ALGUNS EXEMPLOS.

BUCARESTE, ROMÊNIA, 2017.

OBSERVE A FORMA INCLINADA DOS TELHADOS DESSAS CASAS. TELHADOS ASSIM EVITAM O ACÚMULO DE NEVE, POR ISSO SÃO COMUNS EM LUGARES ONDE NEVA MUITO NO INVERNO.

PAMIR, TADJIQUISTÃO, 2015.

ESSAS CASAS, CHAMADAS DE **TENDAS** SÃO CONSTRUÍDAS POR ALGUNS POVOS QUE ESTÃO SEMPRE MUDANDO O LUGAR DE SUA MORADIA. EM REGIÕES MUITO SECAS, COMO OS DESERTOS, AS TENDAS SÃO FEITAS DE TECIDO, LÃ E FELTRO PARA PROTEGER SEU INTERIOR DO FRIO E DO CALOR.

IRANDUBA, AMAZONAS, 2015.

ESSE TIPO DE CASA É CONSTRUÍDO EM LUGARES PRÓXIMOS AOS RIOS E, NO BRASIL, CHAMA-SE **PALAFITA**. NA ÉPOCA DAS CHEIAS, ISTO É, QUANDO AS ÁGUAS DOS RIOS SOBEM, OS MORADORES DESSAS CASAS FICAM PROTEGIDOS.

1. LEIA, COM O PROFESSOR, AS DUAS DESCRIÇÕES DE MORADIA ABAIXO. EM SEGUIDA, RECORTE DA PÁGINA 111 AS FIGURAS DAS CASAS. COLE CADA CASA AO LADO DA SUA DESCRIÇÃO.

OS TECIDOS AJUDAM A PROTEGER O AMBIENTE, PORQUE, SOB O SOL, O CALOR É MUITO FORTE. À NOITE, COM O CÉU ESTRELADO, OUTROS TIPOS DE TECIDO ME DEIXAM ACONCHEGADO. NOSSA CASA MUDA SEMPRE DE LUGAR, POR ISSO É POSSÍVEL DESMONTÁ-LA.

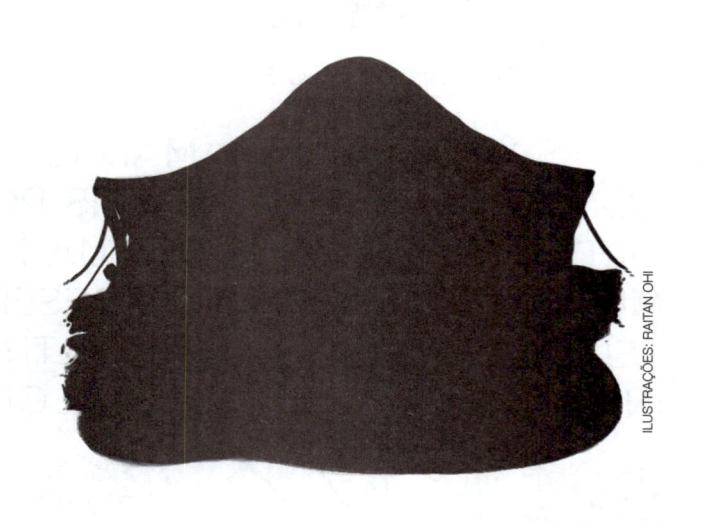

ILUSTRAÇÕES: RAITAN OHI

MORO NUM LUGAR ALAGADO, MAS NÃO POSSO FICAR MOLHADO. MINHA CASA PARECE FLUTUAR, MAS NÃO DÁ PARA ENJOAR. NUNCA FICO ILHADO, POIS HÁ SEMPRE UM BOM PESCADO.

2. O DESENHO ABAIXO MOSTRA A CASA DE CAUÊ. ELE MORA EM UMA PALAFITA ÀS MARGENS DE UM RIO. QUANDO O RIO SOBE, A ÁGUA CHEGA ATÉ A LINHA PONTILHADA.

A) PINTE DE AZUL ATÉ ONDE O RIO CHEGA E VERIFIQUE SE A CASA DE CAUÊ ESTÁ PROTEGIDA DAS ÁGUAS.

B) A CASA DE CAUÊ ESTÁ PROTEGIDA DAS ÁGUAS? MARQUE UM **X** NO QUADRADINHO QUE CORRESPONDE À RESPOSTA CORRETA.

☐ SIM. ☐ NÃO.

AS CASAS SÃO TRANSFORMADAS

MUITAS VEZES, AS CASAS SÃO MODIFICADAS PELOS MORADORES NO DECORRER DO TEMPO.

LEIA, NA HISTÓRIA A SEGUIR, UM EXEMPLO DAS MUDANÇAS QUE OCORRERAM EM UMA CASA.

- O QUE AS CRIANÇAS QUERIAM NA CASA DE DONA ANITA?
- QUAIS FORAM AS MUDANÇAS QUE OCORRERAM NA CASA DE DONA ANITA?
- POR QUE A CASA DE DONA ANITA PASSOU POR TRANSFORMAÇÕES?

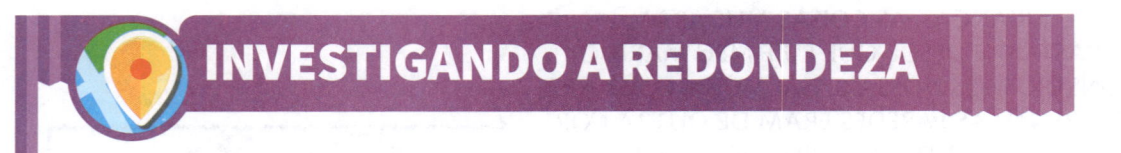
AS MUDANÇAS NA CASA

SERÁ QUE ALGO TAMBÉM MUDOU EM SUA CASA NOS ÚLTIMOS ANOS? VAMOS DESCOBRIR?

CONVERSE COM UM ADULTO QUE MORA COM VOCÊ OU COM UM VIZINHO E FAÇA AS PERGUNTAS A SEGUIR PARA ELE.

JOSÉ WILSON MAGALHÃES

ANOTE AS RESPOSTAS DA ENTREVISTA NO CADERNO.

SE ALGUMA RESPOSTA FOR MUITO LONGA, PEÇA AO ENTREVISTADO QUE A ESCREVA.

1. COM QUE TIPO DE MATERIAL ESTA CASA É CONSTRUÍDA?

2. ALGUMA COISA MUDOU NA CASA DESDE A CONSTRUÇÃO: COR, JANELAS, PORTAS E TELHADO, POR EXEMPLO?

3. POR QUE ESSAS MUDANÇAS FORAM FEITAS?

4. OS ANTIGOS MORADORES PODEM TER MODIFICADO ALGUMA COISA? O QUÊ?

5. QUANDO EU NASCI, HOUVE MUDANÇAS NA CASA? QUAIS?

O DIA A DIA EM NOSSA CASA

VOCÊ JÁ PENSOU EM COMO É O DIA A DIA EM SUA CASA? E NA CASA DE OUTRAS CRIANÇAS?

PARA QUE TENHAMOS UMA BOA CONVIVÊNCIA EM NOSSA CASA É PRECISO RESPEITAR ALGUMAS REGRAS.

OBSERVE OS QUADRINHOS A SEGUIR. ELES MOSTRAM O QUE ACONTECEU COM EUGÊNIA E O IRMÃO NA CASA ONDE MORAM.

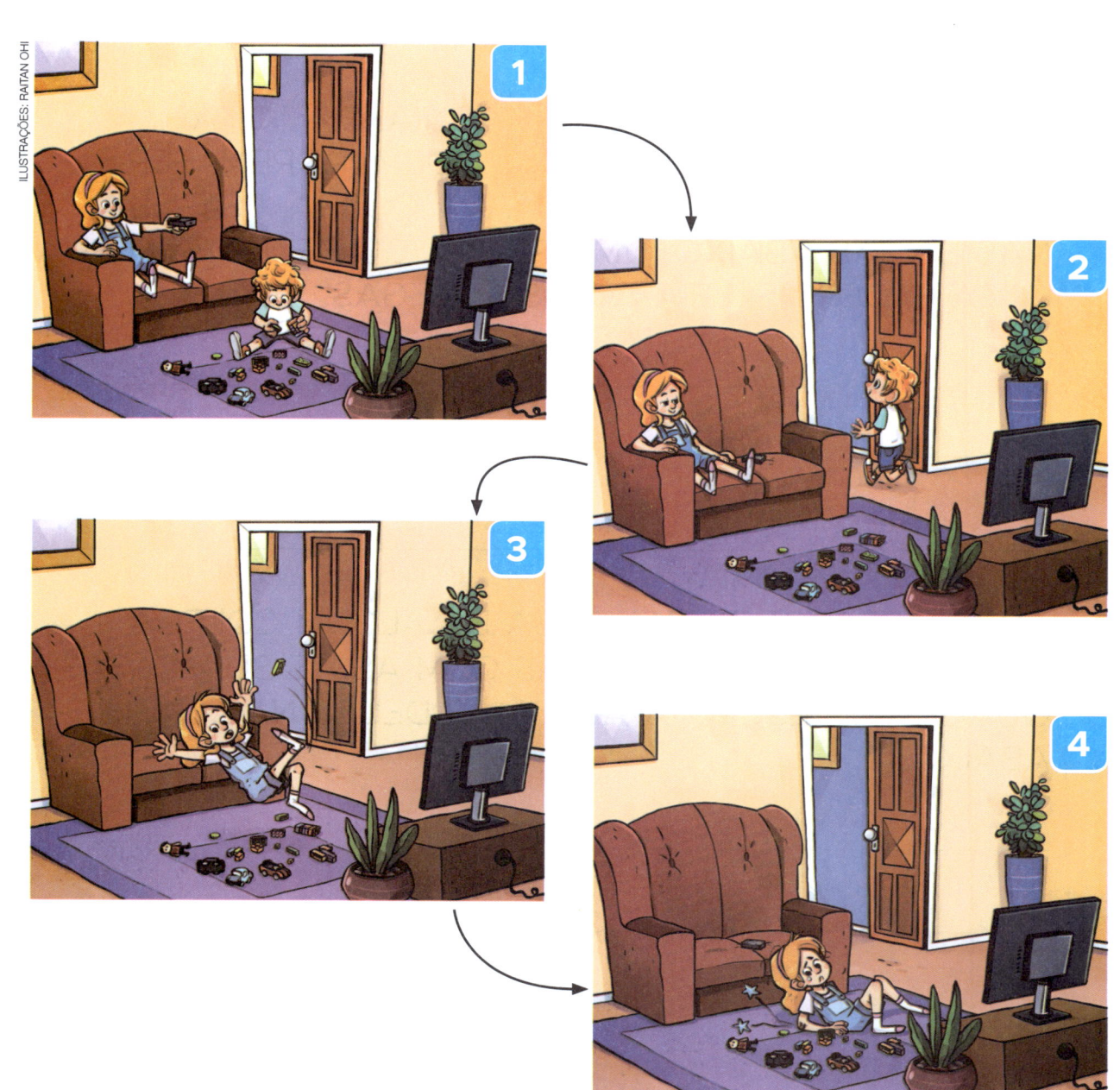

ILUSTRAÇÕES: RAITAN OHI

1. CONVERSE COM OS COLEGAS E O PROFESSOR,  DEPOIS RESPONDA ÀS QUESTÕES:

- POR QUE EUGÊNIA SE MACHUCOU?
- O QUE O IRMÃO DE EUGÊNIA DEVERIA TER FEITO PARA EVITAR QUE ELA TROPEÇASSE?
- NA CASA DE EUGÊNIA, A REGRA É: GUARDAR OS BRINQUEDOS DEPOIS DE USÁ-LOS. O IRMÃO DE EUGÊNIA SEGUIU A REGRA?
- O QUE VOCÊ ACHA DESSA REGRA? ELA EXISTE TAMBÉM EM SUA CASA?

2. ASSIM COMO NA CASA DE EUGÊNIA, EM TODAS AS CASAS HÁ REGRAS. ELAS PODEM, PORÉM, SER DIFERENTES DE UMA CASA PARA OUTRA. ESCREVA, NAS LINHAS ABAIXO, UMA REGRA QUE EXISTE EM SUA CASA E, DEPOIS, LEIA-A AOS COLEGAS.

_____

_____

_____

3. AGORA RESPONDA: NA CASA DE ALGUM COLEGA EXISTEM REGRAS PARECIDAS COM AS DE SUA CASA? QUAIS SÃO? ESCREVA ALGUMAS DELAS NAS LINHAS ABAIXO.

_____

_____

_____

O MAPA DO CORPO

FRANCISCO, GABRIEL E MARIA SÃO AMIGOS E VIZINHOS. VEZ OU OUTRA BRINCAM NO QUINTAL DA CASA DE FRANCISCO.

É LÁ QUE GOSTAM DE BRINCAR DE DESENHAR O **MAPA DO CORPO**. VEJA COMO ELES FAZEM.

1. UM SE DEITA E, COM UM GIZ, O OUTRO DESENHA O CONTORNO DO CORPO DO AMIGO NO CHÃO.

ILUSTRAÇÕES: RICARDO DANTAS

2. DEPOIS DE TRAÇADO O CONTORNO DO CORPO ELES MARCAM O LADO DIREITO E O LADO ESQUERDO NO DESENHO.

AGORA É A VEZ DE VOCÊ E OS COLEGAS FAZEREM ESSA BRINCADEIRA. DESENHEM O MAPA DO CORPO DE CADA UM E IDENTIFIQUEM TAMBÉM OS LADOS DIREITO E ESQUERDO DELES. BOA DIVERSÃO!

1. OBSERVE OS DESENHOS A SEGUIR. ELES MOSTRAM ETAPAS DA TRANSFORMAÇÃO DE ALGUMAS CASAS. NUMERE-OS DE 1 A 4, DE ACORDO COM A ORDEM EM QUE AS MUDANÇAS OCORRERAM.

2. ESCREVA NA TABELA ABAIXO UMA REGRA QUE VOCÊ DEVE CUMPRIR EM CASA OU NA ESCOLA, NO PERÍODO DO DIA INDICADO.

MANHÃ	
TARDE	
NOITE	

3. COLOQUE **SIM** OU **NÃO** NO QUADRINHO AO LADO DAS FRASES.

A) DEVEMOS MANTER NOSSO QUARTO ORGANIZADO GUARDANDO TUDO NO LUGAR.

B) AS TORNEIRAS DEVEM ESTAR BEM FECHADAS PARA EVITAR VAZAMENTOS.

C) DEVEMOS RISCAR AS PAREDES DE CASA.

D) DEVEMOS ECONOMIZAR ENERGIA ELÉTRICA APAGANDO AS LÂMPADAS E DESLIGANDO APARELHOS QUANDO NÃO UTILIZADOS.

4. RAFAELA, LUCIANA E SÍLVIA FORAM BRINCAR NA CASA DE EUGÊNIA. AJUDE AS MENINAS A ORGANIZAR OS BRINQUEDOS. LIGUE CADA BRINQUEDO AO LUGAR ONDE DEVE SER GUARDADO.

RAITAN OHI

PERISCÓPIO

📖 PARA LER

TODO MUNDO TEM: CASA, DE ANNA CLÁUDIA RAMOS E ANA RAQUEL. SÃO PAULO: FORMATO, 2004. (COLEÇÃO TODO MUNDO TEM).
ESSE LIVRO FALA DAS MAIS VARIADAS FORMAS DE MORADIA, DAS CASAS DE ALVENARIA ATÉ A CASA-BARCO!

EDITORA FORMATO

▶ PARA ASSISTIR

OS CROODS, DIREÇÃO DE KIRK DEMICCO E CHRIS SANDERS, 2013.
A FAMÍLIA CROOD ESTÁ EM BUSCA DE UMA NOVA CASA. VIAJE COM ELES NESSA AVENTURA!

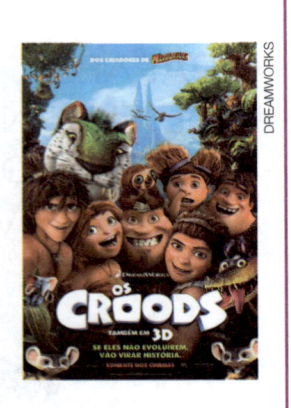

DREAMWORKS

👆 PARA ACESSAR

CASA MÁGICA: ACABAMOS DE ENTRAR EM UMA CASA MUITO MALUCA! COM A AJUDA DA BÚSSOLA E COM CUIDADO, VAMOS NESSA?
DISPONÍVEL EM: <www.escolagames.com.br/jogos/casamagica>. ACESSO EM: 15 MAIO 2017.

JOGO DA MEMÓRIA CASA E HABITAÇÃO: VAMOS CONHECER VÁRIOS TIPOS DE MORADIA?
DISPONÍVEL EM: <www.smartkids.com.br/jogo/jogo-da-memoria-casa-habitacao>. ACESSO EM: 15 MAIO 2017.

AS RUAS SÃO NOSSOS CAMINHOS

UNIDADE 3

1. JUCA PRECISA CHEGAR ATÉ A CASA DELE. PORÉM, AS RUAS ESTÃO CHEIAS DE OBSTÁCULOS. VAMOS AJUDÁ-LO? TRACE O CAMINHO QUE VOCÊ ACHA MELHOR E MAIS SEGURO.

OS ELEMENTOS NÃO ESTÃO REPRESENTADOS PROPORCIONALMENTE ENTRE SI.

EVANDRO LUIZ

RUAS POR ONDE PASSAMOS

AS RUAS SÃO NOSSOS CAMINHOS, NÃO É MESMO? VOCÊ JÁ PERCEBEU COMO ELAS SÃO DIFERENTES UMAS DAS OUTRAS?

NÓS UTILIZAMOS AS RUAS SEMPRE QUE PRECISAMOS IR DE UM LUGAR A OUTRO, POR ISSO PODEMOS DIZER QUE ELAS SÃO NOSSOS CAMINHOS. NAS RUAS PODEMOS ENCONTRAR NOSSOS VIZINHOS, OBSERVAR CONSTRUÇÕES, AUTOMÓVEIS, PLACAS E MUITAS OUTRAS COISAS.

VAMOS CONHECER MELHOR AS RUAS? LEIA O TEXTO A SEGUIR.

RUA RIMA COM LUA, MAS NÃO FICA TÃO LONGE.
É MAIOR QUE A CASA E MENOR QUE O MUNDO.
NÃO CABE NO BOLSO, NÃO CABE NA MALA.
É MUITO MAIOR QUE A SALA E MUITO MAIS PERIGOSA.
[...]
QUEM É QUE CUIDA DA RUA?
SERÁ QUE ELA É MINHA, SERÁ QUE É SUA?
SERÁ QUE É DE TODO MUNDO, OU DA TAL PREFEITURA?

MURILO CISALPINO E ZEFLÁVIO TEIXEIRA. *MUITO PRAZER, DONA RUA!* SÃO PAULO: SCIPIONE, 1996. P. 3-10, 21-24.

1. RESPONDA PINTANDO O QUADRINHO.

A) A RUA É MAIOR QUE:

☐ O MUNDO.   ☐ UMA CASA.

B) A RUA NÃO CABE NA:

☐ CIDADE.   ☐ MALA.

C) RUA RIMA COM LUA. QUAL DELAS ESTÁ MAIS PERTO DE VOCÊ?

☐ RUA.   ☐ LUA.

AS RUAS SÃO DIFERENTES

LEIA COM ATENÇÃO A HISTÓRIA ABAIXO, SOBRE O DIA EM QUE MILA FOI CONHECER A FÁBRICA ONDE O PAI DELA TRABALHA.

MILA ACORDOU ANSIOSA. QUERIA LOGO CONHECER COMO ERA O TRABALHO DE SEU PAI. TOMOU CAFÉ E FICOU PRONTA RAPIDINHO. LOGO SEU PAI A CHAMOU:

– ESTÁ PRONTA, MILA?

NO CAMINHO, A MENINA PERCEBEU QUE ESTAVA PASSANDO POR RUAS DIFERENTES. SEU PAI, REPARANDO EM SUA EXPRESSÃO CURIOSA, DISSE:

– PRESTE ATENÇÃO NO CAMINHO QUE ESTAMOS PERCORRENDO E VEJA COMO É DIFERENTE DAQUELE COM QUE VOCÊ ESTÁ ACOSTUMADA!

E ERA MESMO! TUDO ERA NOVO, DIFERENTE. SEU PAI CONTINUOU A EXPLICAR:

RICARDO DANTAS

– EM NOSSO BAIRRO, AS CONSTRUÇÕES SÃO, NA MAIORIA, CASAS. MAS VEJA COMO NESTA AVENIDA EXISTEM LOJAS, ESCRITÓRIOS, RESTAURANTES... E A QUANTIDADE DE CARROS É MUITO MAIOR, NÃO É MESMO?

MILA NOTOU QUE AS LOJAS, PADARIAS, FARMÁCIAS, OFICINAS E OUTROS ESTABELECIMENTOS JÁ COMEÇAVAM A FUNCIONAR.

– EI, MILA! VEJA AS PESSOAS NOS ÔNIBUS E QUANTAS ESTÃO ANDANDO PELAS RUAS!

E A MENINA PASSOU A OBSERVAR QUE O MOVIMENTO DE CARROS E PESSOAS ERA MUITO MAIOR DO QUE ESTAVA ACOSTUMADA A VER NOS ARREDORES DE SEU BAIRRO.

TEXTO DOS AUTORES.

1. AGORA É IMPORTANTE CONVERSAR UM POUCO SOBRE O ASSUNTO DO TEXTO, AS RUAS POR ONDE MILA PASSOU E O QUE ELA OBSERVOU.

- MILA SAIU DO BAIRRO ONDE MORA E FOI ATÉ O LOCAL DE TRABALHO DE SEU PAI. ELA FEZ UM CAMINHO DIFERENTE DAQUELE QUE COSTUMA FAZER TODOS OS DIAS PARA IR À ESCOLA. O QUE ELA NOTOU NAS RUAS?

- QUAIS ERAM OS TIPOS DE CONSTRUÇÃO QUE MILA ESTAVA ACOSTUMADA A VER NAS RUAS DE SEU BAIRRO?

- QUAIS SÃO OS TIPOS DE CONSTRUÇÃO MAIS COMUNS QUE MILA VIU AO PASSAR EM UMA AVENIDA LONGE DO BAIRRO ONDE MORA?

- EM QUE PERÍODO DO DIA FOI O PASSEIO?

- O QUE MILA NOTOU NO MOVIMENTO DAS RUAS NESSE PERÍODO DO DIA?

ASSIM COMO ACONTECEU COM MILA, NÓS TAMBÉM PASSAMOS POR MUITAS RUAS NO DIA A DIA: AS RUAS PRÓXIMAS À NOSSA CASA E À ESCOLA OU AS QUE NOS LEVAM À CASA DE ALGUM AMIGO, PARENTE OU A QUALQUER OUTRO LUGAR QUE VISITAMOS.

VEJA EXEMPLOS DE RUAS NAS IMAGENS A SEGUIR:

RUA JOÃO COUTINHO EM CARATINGA, MINAS GERAIS, 2015.

AVENIDA EM BEZERROS, PERNAMBUCO, 2016.

1. ANALISE AS FOTOGRAFIAS E RESPONDA ÀS QUESTÕES ABAIXO.

A) O QUE MOSTRA A IMAGEM:

- DA RUA **A**?
- DA RUA **B**?

B) EM QUAL DAS RUAS HÁ MAIS MOVIMENTO DE VEÍCULOS?

☐ NA RUA **A**.   ☐ NA RUA **B**.

C) QUAL DAS RUAS PARECE MAIS AGITADA?

☐ A RUA **A**.   ☐ A RUA **B**.

D) QUAL DELAS PARECE SER A MAIS TRANQUILA?

☐ A RUA **A**.   ☐ A RUA **B**.

A RUA DE NOSSA CASA

É MUITO IMPORTANTE OBSERVAR E CONHECER OS ELEMENTOS EXISTENTES NA RUA ONDE MORAMOS. POR MEIO DESSAS OBSERVAÇÕES, PODEMOS PERCEBER QUE A RUA FAZ PARTE DE NOSSA VIDA. AGORA VOCÊ VAI CONHECER UM POUCO MELHOR A RUA ONDE MORA. SIGA AS ORIENTAÇÕES ABAIXO.

1. ACOMPANHADO DE UM ADULTO, FAÇA UM PASSEIO POR SUA RUA.

2. OBSERVE, DURANTE O TRAJETO, SE ELA É LARGA OU ESTREITA, SE HÁ ÁRVORES, CALÇADAS, SINALIZAÇÃO DE TRÂNSITO, LOJAS OU OUTROS TIPOS DE COMÉRCIO.

3. APÓS A OBSERVAÇÃO DESENHE NO QUADRO ABAIXO SUA RUA E OS ELEMENTOS QUE VOCÊ VIU PELO CAMINHO, COMO ÁRVORES, POSTES, PLACAS E CONSTRUÇÕES DE DIVERSOS TIPOS.

1. COMPARE A RUA ONDE VOCÊ MORA COM A RUA ONDE MORA UM DE SEUS COLEGAS, REPRESENTADA NO DESENHO DELE. EM QUE ELAS SE PARECEM? EM QUE SE DIFERENCIAM? ESCREVA A SEGUIR UMA SEMELHANÇA E UMA DIFERENÇA ENTRE ELAS.

A) SEMELHANÇA

_____

B) DIFERENÇA

_____

2. VOCÊ PERCEBEU SE O MOVIMENTO DA RUA ONDE MORA MUDA NO DECORRER DO DIA? COMO É ESSE MOVIMENTO EM CADA PERÍODO?

A) MANHÃ

☐ POUCO MOVIMENTADA

☐ MOVIMENTADA

☐ MUITO MOVIMENTADA

B) TARDE

☐ POUCO MOVIMENTADA

☐ MOVIMENTADA

☐ MUITO MOVIMENTADA

C) NOITE

☐ POUCO MOVIMENTADA

☐ MOVIMENTADA

☐ MUITO MOVIMENTADA

AS RUAS MUDAM

SERÁ QUE AS RUAS PERMANECEM IGUAIS OU SÃO TRANSFORMADAS NO DECORRER DO TEMPO? SUA RUA SEMPRE FOI IGUAL?

O PROFESSOR LERÁ A HISTÓRIA PARA A TURMA. PRESTE MUITA ATENÇÃO NELA.

– VÔ, CONTA MAIS...

– CONTO, CLARO... ESTA PRAÇA, POR EXEMPLO. ANTIGAMENTE ERA...

OS DOIS VOLTARAM A CAMINHAR, ENQUANTO O AVÔ DESCREVIA AO NETO O BAIRRO NO SEU TEMPO: O "SECOS E MOLHADOS", A LADEIRA DA IGREJA E O PASSEIO DAS PESSOAS APÓS A MISSA, O HOMEM QUE VENDIA LENHA, O CAMINHÃOZINHO CHAMADO "VAQUINHA", QUE PASSAVA TODAS AS MANHÃS ENTREGANDO LEITE, O ARMARINHO (ARMARINHO? O QUE É ARMARINHO? NÃO É SÓ UM MÓVEL?) DA DONA MARIETA.

QUANDO JÁ ESTAVAM PERTO DE CASA, O AVÔ PAROU E DISSE:

– DESTA ESQUINA PRA LÁ, NÃO HAVIA MAIS NADA. ERA TUDO PASTO DE UMA FAZENDINHA, QUE DEPOIS FOI TODA DIVIDIDA EM LOTES.

– NOSSA CASA FICA ONDE ERA A FAZENDINHA?

– FICA.

MURILO CISALPINO. *O TEMPO É FEITO DE MUITOS TEMPOS.* BELO HORIZONTE: FORMATO EDITORIAL, 1996. P. 16-17.

42

NA HISTÓRIA, O AVÔ DO MENINO CONTA COMO ERAM ANTIGAMENTE A RUA E O BAIRRO ONDE MORAM. ELE DESCREVE AS TRANSFORMAÇÕES QUE OCORRERAM NAS PAISAGENS E NOS COSTUMES DAS PESSOAS.

AGORA FAÇA O QUE SE PEDE.

1. O QUE EXISTIA NA RUA ONDE FICA ATUALMENTE A CASA DOS PERSONAGENS? CIRCULE A RESPOSTA CERTA.

UM *SHOPPING*. UM HOSPITAL.

UMA FAZENDINHA. UM POSTO DE GASOLINA.

2. O QUE HAVIA "DEPOIS DA ESQUINA" NA RUA DO AVÔ? MARQUE A RESPOSTA COM UM **X**.

☐ FLORESTA. ☐ PRAIA.

☐ RIO. ☐ PASTO.

3. ESCREVA ALGUNS COSTUMES DAS PESSOAS DESCRITOS PELO AVÔ.

_____

_____

_____

_____

_____

_____

1. CIRCULE A RESPOSTA CORRETA.

   A) AS RUAS SÃO NOSSOS:

| BRINQUEDOS. | CAMINHOS. | PAIS. | AMIGOS. |

   B) AS RUAS SÃO:

| TODAS IGUAIS. | DIFERENTES UMAS DAS OUTRAS. |

2. VOCÊ SABE O NOME DAS RUAS PELAS QUAIS PASSA EM SEU CAMINHO DE CASA ATÉ A ESCOLA? ESCREVA O NOME DE DUAS DELAS.

_____

_____

_____

_____

_____

3. VOCÊ VIU QUE AS RUAS PODEM SER TRANSFORMADAS: OS MORADORES CONSTROEM NOVAS CASAS, PLANTAM ÁRVORES NAS CALÇADAS E AS RUAS, QUE ANTES ERAM DE TERRA, SÃO ASFALTADAS. AS ÁRVORES CRESCEM E, ÀS VEZES, NAS RUAS SÃO CONSTRUÍDAS LOJAS E SUPERMERCADOS. ALÉM DISSO, NOVOS MORADORES CHEGAM E OUTROS VÃO EMBORA.
A RUA ONDE VOCÊ MORA TAMBÉM PODE TER PASSADO POR MUITAS MUDANÇAS.

PARA DESCOBRIR SE ALGO MUDOU NA RUA ONDE VOCÊ MORA, COM A AJUDA DE UM ADULTO, ENTREVISTE UMA PESSOA QUE RESIDE HÁ MAIS TEMPO NO LUGAR. PODE SER UM MORADOR DE SUA CASA OU UM VIZINHO.

SIGA COMO ROTEIRO AS PERGUNTAS ABAIXO E PEÇA AO ADULTO QUE ESTÁ COM VOCÊ QUE ANOTE AS INFORMAÇÕES.

- HÁ QUANTOS ANOS VOCÊ MORA NESSA RUA?

- ONDE VOCÊ MORAVA ANTES DE VIVER NESSA RUA? VOCÊ VEIO DE OUTRA CIDADE?

- A RUA MUDOU DURANTE O TEMPO QUE VOCÊ ESTÁ NESSE ENDEREÇO? SE SIM, QUAIS FORAM ESSAS MUDANÇAS?

- DE QUAIS DESSAS MUDANÇAS VOCÊ MAIS GOSTOU? POR QUÊ?

- DE QUAIS TRANSFORMAÇÕES VOCÊ NÃO GOSTOU? POR QUÊ?

4. SIGA O CAMINHO E ENCONTRE AS RUAS MODIFICADAS.

ILUSTRAÇÕES: RICARDO DANTAS

PARA LER

MINHA RUA, DE CÉLIA JUREMA AITO VICTORINO. RIO DE JANEIRO: VOZES, 1995. VAMOS CONVERSAR SOBRE UMA RUA ESPECIAL? ACOMPANHE ESSA DIVERTIDA HISTÓRIA.

NAS RUAS DO BRÁS, DE DRAUZIO VARELLA. SÃO PAULO: COMPANHIA DAS LETRINHAS, 2000.
LEIA A HISTÓRIA DE UMA RUA E AS TRANSFORMAÇÕES NELA OCORRIDAS NO DECORRER DO TEMPO CONTADAS POR UM MORADOR.

O TEMPO É FEITO DE MUITOS TEMPOS, DE MURILO CISALPINO. BELO HORIZONTE: FORMATO, 2009.
QUE TAL CONHECER AS HISTÓRIAS DE MUNDINHO E SEU AVÔ? SÃO MUITO INTERESSANTES!

UMA ESTRADA JUNTO AO RIO, DE MARINA COLASSANTI. SÃO PAULO: FTD, 2005.
ERA UMA VEZ UMA ESTRADA QUE QUERIA SER LIVRE COMO UM RIO. SERÁ QUE ELA CONSEGUIU?

UNIDADE 4

A vizinhança

1. Descubra a palavra que denomina pessoas que vivem próximas umas das outras. Para isso, preencha os espaços com a letra que ocupa a posição no alfabeto indicada pelo número.

8 → h   9 → i   14 → n

15 → o   19 → s

22 → v   26 → z

Ilustrações: DAE

22   9   26   9   14   8   15   19

☐ ☐ ☐ ☐ ☐ ☐ ☐ ☐

47

 Nossos vizinhos

Você conhece as pessoas que moram na mesma rua que você? E nas casas mais próximas da sua? Sabe quem são seus vizinhos?

1. Com o professor e os colegas, leia o texto e, depois, faça o que se pede.

[...] numa rua de Copacabana, morava uma garota chamada Infância. Era um nome fora do comum, por isso ela ficou com o apelido de Fanci. Fanci morava numa casa, uma das últimas casas ao lado de prédios e mais prédios de apartamentos.

A casa de Fanci era coisa pouquinha: um quarto, uma sala, banheiro, cozinha e quintal. O quintal tinha uma roseira, um pé de mamona e um poleiro, onde morava um galo.

[...] o Galo de Fanci [...] muito cheio de pose e belezura, ficava todo feliz quando amanhecia e ele imaginava que, atrás dos edifícios, nascia o Sol. Quando isso acontecia, o Galo de Fanci danava a cantar:

– Cocoricó! Cocoricó! Eu vi o Sol!

– Eu via a luz! Cocoricó! Cocoricó!

As madames e seus maridos que moravam nos edifícios gritavam:

– Cala a boca, bicho danado! Galo berrador! Coisa barulhenta!

Sylvia Orthof. *Galo, galo, não me calo*. Belo Horizonte: Formato, 1992. p. 3 a 6.

Isabela Santos

a) Como era o nome da personagem? E qual era seu apelido?

_____

b) A casa da maior parte dos vizinhos de Fanci era do mesmo tipo que a dela? Como eram?

_____

c) Os vizinhos gostavam do galo de Fanci? Explique.

_____

2. Imagine o que poderia ter ocorrido entre Fanci, seu galo e os vizinhos. Escreva um pequeno final para a história contando o que você imaginou.

_____

_____

_____

_____

_____

_____

A casa onde uma pessoa mora geralmente fica perto de outras casas. Os moradores dessas casas são os **vizinhos** da pessoa, que podem ajudá-la e ser ajudados em diversas situações.

Onde estão nossos vizinhos

Leia o que Cleide e Ricardo nos contam sobre os vizinhos deles e a rua onde moram.

MEU NOME É CLEIDE. MORO EM UMA CASA NA RUA DOS BATATAIS. NA CASA AO LADO DA MINHA, À DIREITA, MORA UMA SENHORA, A DONA ANA.

O VIZINHO DO LADO ESQUERDO É O CLEITON, QUE MORA COM A FAMÍLIA DELE.

DO OUTRO LADO DA RUA, BEM EM FRENTE À MINHA CASA, HÁ UM AÇOUGUE. MUITA GENTE DA VIZINHANÇA VAI ATÉ LÁ FAZER COMPRAS.

Ilustrações: José Wilson Magalhães

MEU NOME É RICARDO. MORO EM UM PRÉDIO DE APARTAMENTOS, NA RUA DOS BATATAIS. EU TENHO MUITOS VIZINHOS NO MEU PRÉDIO.

NO MESMO ANDAR QUE VIVO, MORAM MÔNICA, FABIANO E A FILHA DELES, AURORA.

NO ANDAR DE CIMA MORA DONA JANETE.

NO ANDAR DE BAIXO MORAM OS IRMÃOS ANDRÉ E LÚCIO. SOMOS MUITO AMIGOS.

1. Qual é o nome da rua onde Cleide e Ricardo moram?

_____

2. Quem são os vizinhos de Cleide?

a) Em frente: **b)** À direita: **c)** À esquerda:

_____   _____   _____

3. Quem são os vizinhos de Ricardo?

   a) No mesmo andar: _____

   b) Em cima: _____

   c) Embaixo: _____

4. Ligue os personagens a seu tipo de moradia.

Ilustrações: José Wilson Magalhães

5. De acordo com o que os personagens disseram, complete os quadrinhos com o nome dos vizinhos de cada um.

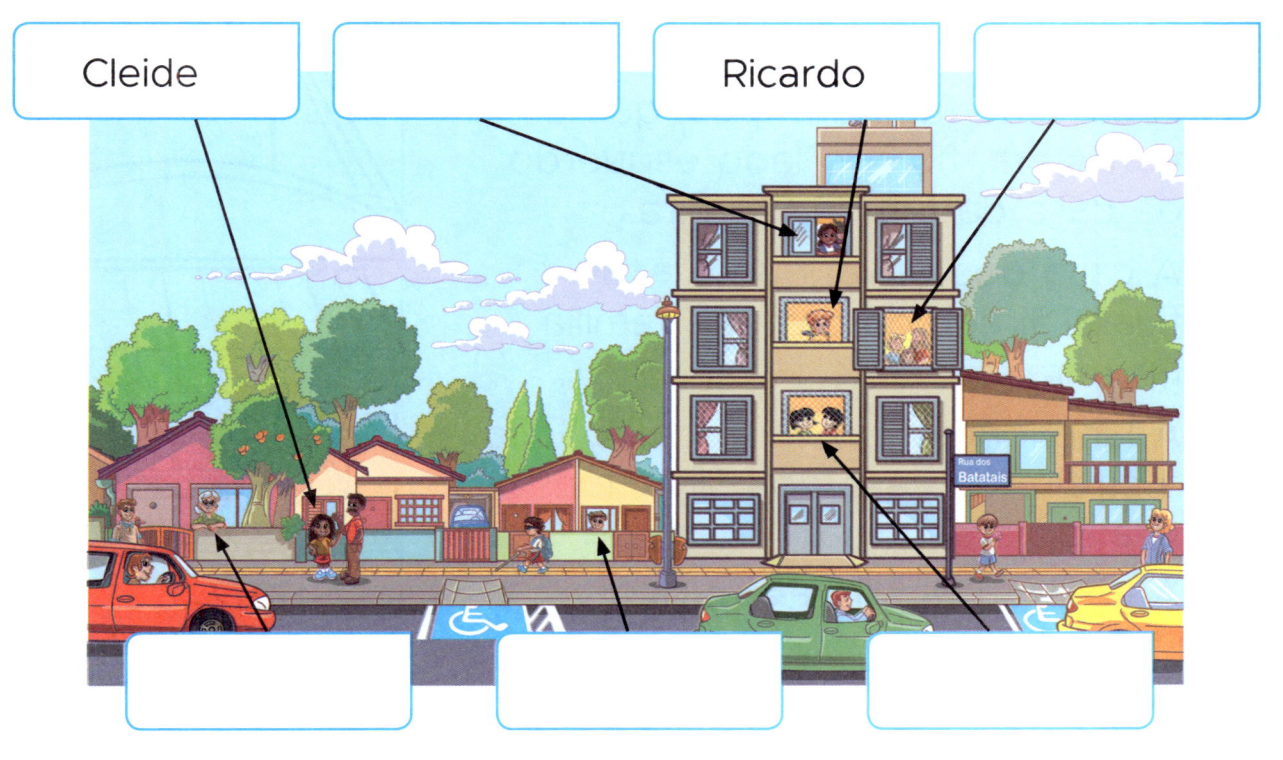

Localizando a vizinhança

Muitas vezes, precisamos localizar nossos vizinhos e outros elementos nos caminhos por onde passamos.

Observe o desenho das casas da vizinhança. Você deverá identificar que casa pertence a cada família. Para isso, siga as dicas e escreva, nos quadros em branco, o sobrenome dos moradores. Pinte as casas com as cores indicadas. O restante do cenário você poderá pintar como preferir.

Observe que a casa da família Ferreira já está indicada. Atenção, a localização das casas deve ser feita usando o seu lado direito e o seu lado esquerdo.

- A casa da família **Lopes**, que é **vermelha**, fica do lado esquerdo da casa da família Ferreira.

- A casa dos **Silva**, que é **azul**, fica à direita da casa da família Ferreira.

- A lanchonete, que é **amarela**, fica à direita da casa dos Silva, mas virando a esquina.

- A casa da família **Ferreira** fica atrás da padaria, na outra rua.

José Wilson Magalhães

- A papelaria, que é **verde**, fica à esquerda da padaria e quase em frente à casa dos Lopes.
- A casa dos **Souza**, que é **rosa**, fica do lado direito da padaria.

Endereço: nossa localização

Todas as casas têm um **endereço**. Mas você sabe para que ele serve? Vamos entender agora um pouco melhor a função dos endereços.

Este mês é o aniversário de Elis. Ela dará uma festa para comemorar. Elis enviou um bilhete para avisar sua amiga e lhe explicar como poderá chegar à festa. Leia o bilhete:

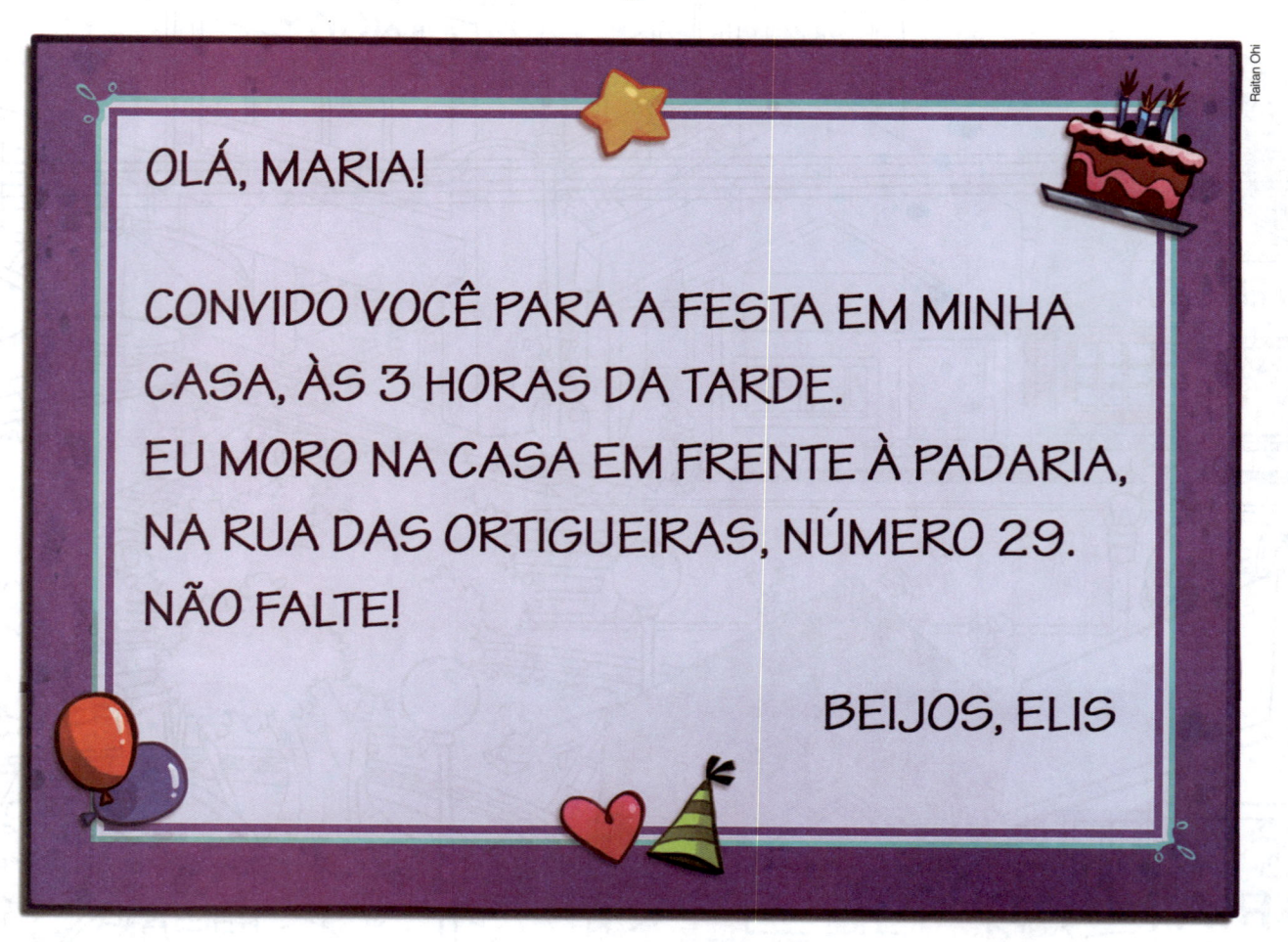

OLÁ, MARIA!

CONVIDO VOCÊ PARA A FESTA EM MINHA CASA, ÀS 3 HORAS DA TARDE.
EU MORO NA CASA EM FRENTE À PADARIA, NA RUA DAS ORTIGUEIRAS, NÚMERO 29.
NÃO FALTE!

BEIJOS, ELIS

1. Depois de conversar com o professor sobre o bilhete de Elis, faça o que se pede.

   a) Encontre o endereço de Elis no bilhete e pinte-o de vermelho.

   b) Além do endereço, que dica Elis deu para ajudar a amiga a localizar a casa dela? Pinte a resposta de azul.

No bilhete que você leu, Elis disse a Maria que a casa dela se localiza em frente a uma padaria, para ser mais fácil para a amiga encontrá-la. Podemos chamar de **pontos de referência** os elementos que nos auxiliam a localizar um lugar.

1. Veja nos relatos outros exemplos de pontos de referência e reescreva-os no espaço ao lado.

Descrição	Ponto de referência
Eu trabalho em um prédio que fica na Avenida Brasil, ao lado do cinema.	_____
Minha avó mora em uma casa na estrada Caramuru, próximo à represa.	_____
Eu vou à casa de meu primo. Ele mora na avenida que fica no início da praia.	_____

2. Escreva um bilhete convidando um amigo para visitar sua escola. Nele, você deve colocar o motivo da visita, o endereço e algum ponto de referência que ajude seu convidado a chegar mais facilmente até a escola.

_____

_____

_____

_____

_____

1. Em sua opinião, o que é necessário para ter uma boa relação com os vizinhos?

_____

2. Você conhece seus vizinhos? Sabe onde eles moram? Com a ajuda de um adulto que mora com você, complete as frases com o nome de seus vizinhos. Para fazer a atividade de forma correta, **olhe de frente para sua casa**.

> Dica: se não houver vizinhos no lugar indicado, escreva: não há.

a) O nome da rua onde moro é:

_____

b) Ponto de referência:

_____

Nome do vizinho que mora atrás de sua casa ou do vizinho que mora no andar acima do seu: _____.

Seu vizinho do lado esquerdo:
_____.

Sua casa ou seu apartamento.

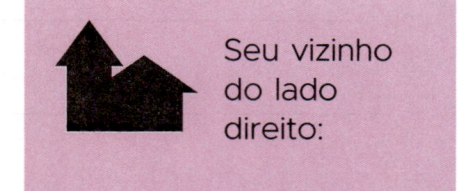
Seu vizinho do lado direito:
_____.

Nome do vizinho que mora na frente de sua casa ou no andar abaixo do seu: _____.

Ilustrações: Ricardo Dantas

3. Recorte as figuras da página 111 e cole cada uma delas em sua respectiva sombra. Em seguida, siga as dicas e descubra quem é vizinho de quem.

Sombra 1   Sombra 2   Sombra 3   Sombra 4

Ilustrações: Raitan Ohi

- Janaína mora ao lado da casa de um homem e do filho dele.
- A casa de Luciano não fica ao lado da casa de Demétrio e Renato.
- Demétrio e Renato moram longe de Lya e Miá.
- Renato e Demétrio moram na primeira casa.
- Luciano mora entre a casa de duas mulheres.
- Lya e Miá moram na última casa.

 **Periscópio**

 Para ler

Amigos de verdade, de Telma Guimarães Castro Andrade. São Paulo: Editora do Brasil, 2010.
Você tem amigos na vizinhança? Conheça a história de Bento e saiba como ele descobriu novas formas de diversão com os vizinhos!

Crianças famosas – Volpi, de Nereide S. Rosa e Angelo Bonito. São Paulo: Callis, 2000.
Nesse livro você conhecerá a história de Alfredo Volpi, que, em sua trajetória artística, registrou a rua onde morava quando era pequeno.

O amigo, de Mary França e Eliardo França. São Paulo: Ática, 2000.
Pingo de Sol adora diversão, por isso resolve sair com seu amigo para dar um passeio. Quem será esse amigo?

Meus vizinhos são um terror, de Telma Guimarães Castro Andrade. Curitiba: Positivo, 2015.
Quem são os novos vizinhos? Será uma família assustadora ou uma grande comédia?

Para assistir

Detetives do prédio azul, direção de André Pellenz, 2017.
Que tal viver uma grande aventura junto com os amigos e vizinhos do prédio azul?

O trânsito: pessoas e veículos

1. O desenho abaixo mostra uma rua onde estão acontecendo coisas estranhas. Marque com um **X** aquilo que, em sua opinião, não deveria existir em uma rua.

As ruas e o trânsito

Você já observou com atenção o caminho que faz de casa até a escola? O que há nas ruas pelas quais você passa? Elas são muito ou pouco movimentadas?

Leia o texto abaixo. Ele fala sobre o trânsito em uma cidade.

Na Rua existe...

Na Rua existe...
Carro, ônibus e até caminhão!
Bicicletas, motocicletas...
Só não vale ficar na contramão!

O pedestre consciente e bem-educado
Atravessa a rua com cuidado
Anda na faixa de segurança
Respeita os alertas de sinalização
Isso também vale pra criança
Que estuda com atenção!
Cumprindo as leis de trânsito
O futuro cidadão!

Reinaldo Rosa

Graziany Monteiro Gomes. Disponível em: <http://versoinfantil.blogspot.com.br/2011/02/poesia-e-educacao-para-um-transito-mais.html>. Acesso em: 15 maio 2017.

Quando observamos com atenção o caminho que percorremos no dia a dia, da rua de casa até a rua da escola, podemos perceber que pessoas e veículos, como carros, motocicletas ou ônibus, movimentam-se o tempo todo de um lugar para outro. A movimentação de pessoas e veículos nas ruas e avenidas recebe o nome de **trânsito**.

O trânsito varia de um lugar para outro e de acordo com o período do dia. Há horários com pouco e outros com muito movimento, em geral quando as pessoas estão indo trabalhar ou estão voltando dos locais de trabalho.

Para que as pessoas e os veículos possam se movimentar com segurança pelas ruas e avenidas, existem diferentes regras e sinais.

Rubens Chaves/Pulsar Imagens

Pedestres atravessando na faixa de segurança em Belo Horizonte, Minas Gerais, 2016.

No trânsito, as pessoas recebem o nome de **pedestres**. Os pedestres sempre devem atravessar a rua na **faixa de segurança**, que é pintada no chão. Em algumas ruas também existe o **sinal luminoso para pedestres**. Quando ele está verde, significa que a travessia pode ser feita com segurança.

Os **semáforos** para veículos servem para ajudar tanto os motoristas como os pedestres. Quando o sinal está vermelho no semáforo, os carros devem parar. Quando está verde, os carros podem passar. Os semáforos também mostram a cor amarela, que indica a mudança entre os sinais verde e vermelho. Quando o sinal está amarelo, os motoristas devem diminuir a velocidade e parar o veículo.

Veículos passando por uma avenida em Porto Alegre, Rio Grande do Sul, 2016.

Placa escolar de orientação a motoristas em São Caetano do Sul, São Paulo, 2015.

Nas ruas existem também as **placas de trânsito**. As placas orientam o motorista quanto a suas ações. Por exemplo, próximo às escolas existem placas para alertar o motorista de que pode encontrar alunos atravessando a rua e, por isso, deve prestar mais atenção no trânsito.

Segurança no trânsito

Para dirigir um carro e para ser passageiro também existem regras. Quem dirige ou guia o carro é o **motorista** ou **condutor**. Ele deve ter Carteira de Habilitação, ou seja, uma autorização para dirigir. E só podem dirigir pessoas maiores de 18 anos.

Quando alguém está dentro do veículo, mas não está dirigindo, essa pessoa é o **passageiro**. Tanto o passageiro quanto o motorista devem sempre usar o cinto de segurança.

Atenção: crianças menores de 10 anos devem sempre sentar no banco de trás e utilizar o cinto de segurança.

Mãe levando seu filho para a escola em São Paulo, São Paulo, 2016.

Junior Rozzo/Rozzo Imagens

1. Para que o trânsito seja organizado e seguro, todos devem respeitar as leis! Conte aos adultos que moram com você o que aprendeu sobre o trânsito.

2. Observe a fotografia e faça o que se pede.

Trânsito de pedestres e veículos em Curitiba, Paraná, 2017.

a) Circule as pessoas que **não** estão atravessando a rua de forma correta.

b) Como são denominadas as pessoas que caminham pelas ruas e calçadas?

_____

O caminho de casa até a escola

Para ir de casa até a escola, algumas pessoas passam por muitas ruas e avenidas. Mesmo nos caminhos mais curtos, é possível observar paisagens diferentes, ou seja, cada um pode ver muitas coisas.

No desenho abaixo, observe o trajeto que Victor faz da casa dele até a escola onde estuda:

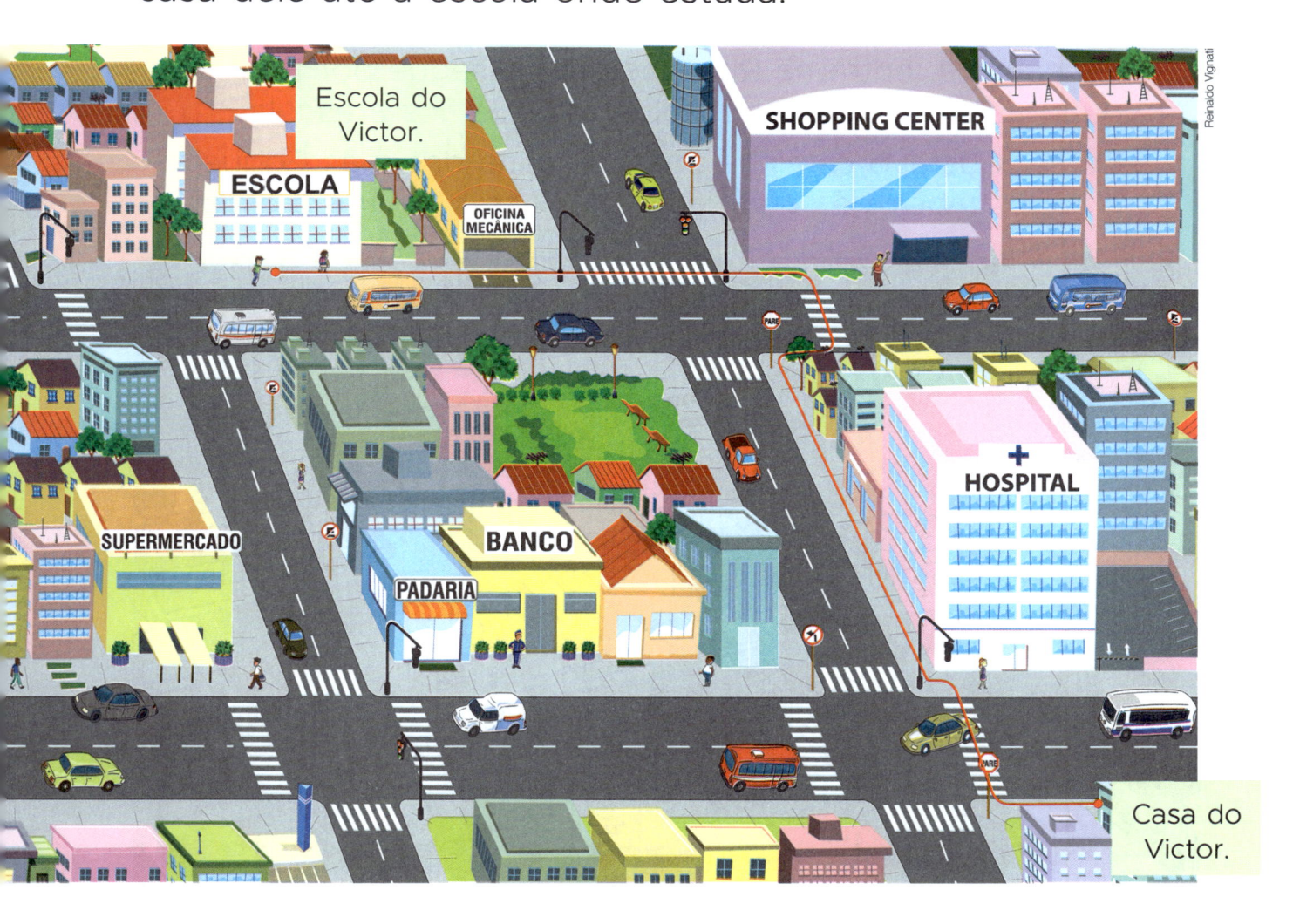

1. O que Victor pode observar em seu caminho?

2. Agora é sua vez de traçar um caminho. No desenho, trace com lápis colorido o caminho que Gustavo faz para chegar até a escola.

Siga as dicas a seguir.

- Gustavo mora na Rua Laranjeira. Ele sai de casa e segue por uma quadra à esquerda até a esquina com a Rua Salgueiro.
- Caminha pela Rua Salgueiro por uma quadra até a Rua Limoeiro.
- Segue, então, na Rua Limoeiro por duas quadras até a Rua Coqueiro.
- Na esquina, entra na Rua Coqueiro e segue por três quadras até a Rua Jabuticabeira, onde fica a escola.
- Então, Gustavo caminha até a esquina das ruas Coqueiro e Jaboticabeira e seque à direita. Assim, chega à escola.

Responda:

a) Quantas quadras, no total, Gustavo percorreu?

_____

b) Por quantas ruas Gustavo passou? Escreva o nome das ruas.

_____

c) Que tipos de construção, como casas e prédios, ou de comércio, como lojas, padarias, *pet shops* e praças, Gustavo pôde observar?

_____

_____

d) As ruas por onde Gustavo passou são diferentes umas das outras? Por quê?

_____

_____

3. Para fazer esta atividade, siga as instruções.

a) Observe atentamente o caminho de sua casa até a escola. Procure identificar, no decorrer do dia, o que existe no trajeto.

b) Desenhe seu caminho em uma folha avulsa. Lembre-se também dos detalhes do trânsito, como as placas, as faixas de segurança e os semáforos.

c) Traga seu desenho para a sala de aula e siga as orientações do professor para mostrar seu caminho aos colegas.

🐚 Campanha "Eu respeito as pessoas"

Vamos conhecer as regras de convívio com as pessoas com deficiência? Para isso, siga as instruções.

- Use o questionário a seguir.
- Marque em uma folha as respostas dadas pelos entrevistados.
- Você poderá entrevistar até três pessoas.
- Após todos os entrevistados responderem ao questionário, revele para a turma as respostas.

1. Quando o motorista do carro em que você está estaciona em uma vaga reservada para cadeirantes, o que você faz?

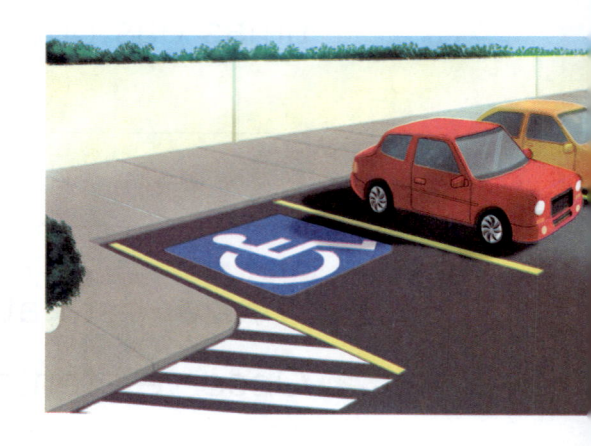

a) Diz: "Estacione mesmo, está vazia!".

b) Adverte o motorista e diz: "Olhe a placa! Aqui é vaga reservada para cadeirantes!".

2. No *shopping* ou em outros locais públicos, você usa os banheiros adaptados?

a) Não uso.

b) Quando estão vazios eu uso.

Ilustrações: Danillo Souza

3. Se uma pessoa cega ou com baixa visão precisasse de sua ajuda para atravessar a rua, o que você faria?

a) Pegaria na mão dela e sairia correndo antes que o sinal abrisse.

b) Deixaria que apoiasse a mão em meu ombro e andaria calmamente.

4. Se um cadeirante pedisse sua ajuda para encontrar um ônibus para embarcar, você:

a) falaria para ele embarcar em qualquer um.

b) explicaria que nas portas dos ônibus e no vidro da frente existe uma identificação de adaptação para o acesso de cadeirantes.

5. Uma pessoa com deficiência auditiva lhe pede ajuda para encontrar um telefone público adaptado. Você:

a) procura obter informações junto com ela ou, caso saiba onde há um telefone adaptado, indica onde ela poderá encontrá-lo.

b) faz de conta que não ouviu.

1. Como se chama o movimento de veículos e pessoas nas ruas?

_____

2. Pinte as letras **B**, **T** e **M** no quadro abaixo. Escreva as letras que ficarem sem pintar para descobrir a expressão oculta.

B	F	B	T	A	I
T	X	B	A	M	D
M	E	T	S	B	E
G	U	M	T	R	M
A	B	T	N	B	M
Ç	M	A	B	T	B

_____ _____ _____ _____ _____

3. As frases a seguir falam sobre comportamentos no trânsito. Algumas estão corretas, outras não. Faça um **X** nas opções que estão **erradas**.

☐ Atravessar a rua fora da faixa de segurança.

☐ Olhar para os dois lados da rua na hora de atravessar.

☐ Falar ao celular enquanto dirige.

☐ Não prestar atenção nas placas de trânsito.

☐ Não passar no sinal vermelho.

☐ Atravessar a rua na faixa de segurança.

☐ Sempre usar cinto de segurança.

☐ Transportar crianças com menos de 10 anos no banco da frente.

☐ Transportar crianças no banco de trás sem cinto de segurança.

Ilustrações: Danilo Souza

Periscópio

📖 Para ler

A cidade que mudou de nome, de Conceil
Corrêa da Silva e Nye Ribeiro. São Paulo:
Editora do Brasil, 2010.
Na cidade de Trovoada, as pessoas não
faziam amizade. Ficavam trancadas em casa,
emburradas. Mas um dia uma amizade surgiu
e as coisas começaram a mudar na cidade...

Editora do Brasil

A caminho da escola, de Fabia Terni. São
Paulo: Studio Nobel, 1998.
O livro apresenta diversas crianças que passam
por diferentes caminhos para chegar até a
escola!

Studio Nobel Editora

👆 Para acessar

HVirtua: vamos conhecer mais placas de trânsito em um jogo
divertido? Ajude nosso motorista a chegar a seu destino
com segurança!
Disponível em: <www.jogoseducativos.hvirtua.com/placas-de-
transito>. Acesso em: 15 maio 2017.

Smart Kids: sua memória está boa quando falamos de placas?
Faça o teste!
Disponível em: <www.smartkids.com.br/jogo/jogo-da-memoria-
transito>. Acesso em: 15 maio 2017.

Escola: um lugar importante

1. Encontre no quadro de letras as palavras em destaque.

Hora de ir para a **escola**!
Come, veste o uniforme,
Escova os dentes, penteia o cabelo.
Lembrei! Hoje é dia de Educação Física.
Preciso colocar o **tênis**!
E aquela **pesquisa**? Era para hoje?
Olha na **agenda** correndo...
Vamos, vamos! Eu quero mais é
Encontrar meus **amigos**, meus **professores**
E **aprender** muitas coisas!

Texto dos autores.

Isabela Santos

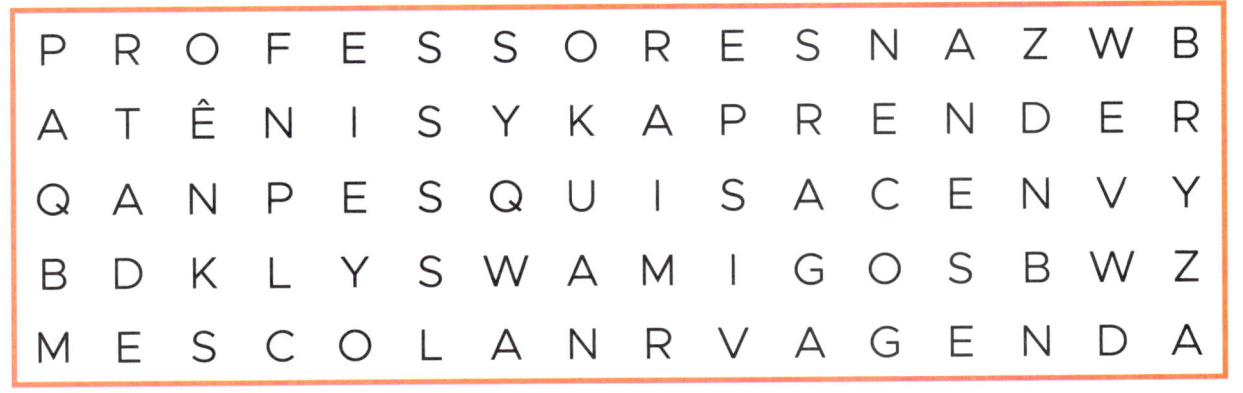

• Pense no conjunto das palavras em destaque. O que elas indicam em relação ao estudo desta unidade?

As pessoas que trabalham na escola

Você conhece bem todas as pessoas que trabalham em sua escola? Sabe que atividade cada uma delas realiza?

Veja como foi o primeiro dia de aula de Leonardo em sua nova escola. Ele conheceu vários profissionais que lá trabalham.

Assim que Leonardo entrou na escola, encontrou a professora, que foi muito atenciosa com ele. Depois que a mãe dele foi embora, a professora sugeriu que ele conhecesse sua sala de aula antes do início da aula.

Na sala de aula, Leonardo conheceu a zeladora, que estava terminando de arrumá-la.

Ilustrações: José Wilson Magalhães

74

A professora então levou Leonardo até a secretaria, onde ele conheceu o secretário.

Ilustrações: José Wilson Magalhães

Depois, ele foi com a professora até a biblioteca. Lá conheceu a bibliotecária.

Os trabalhadores de sua escola

1. Com a ajuda do professor, você e os colegas devem completar no quadro abaixo o nome de alguns profissionais que trabalham em sua escola. Ao lado do nome do profissional, escreva o que ele faz e por que o trabalho dele é importante para a escola. Primeiro, o professor escreverá as informações na lousa e, em seguida, você deverá copiá-las no quadro.

Nome	O que faz na escola?	Por que seu trabalho é importante?
	É professor, dá aula.	Auxilia os alunos a aprender ensinando e explicando novos assuntos.
	É zelador.	É responsável pela limpeza, organização e manutenção das salas de aula e dos equipamentos.
	É secretário.	Auxilia a direção da escola.

O espaço interno da escola

Você conhece sua escola? Sabe o que funciona em cada parte dela?

Você já conheceu alguns dos profissionais que trabalham em escolas e suas funções. Viu também a importância do trabalho que executam, não é mesmo?

Agora vamos falar do espaço interno da escola. Veja alguns exemplos.

Na sala de aula, convivemos com o professor e os colegas e fazemos várias atividades. Devemos mantê-la sempre limpa e organizada.

Escola municipal na Comunidade Pipipã Travessão de Ouro. Floresta, Pernambuco, 2016.

Na biblioteca é possível ler e pesquisar com tranquilidade. Quando entramos lá, devemos fazer silêncio ou falar baixo.

Colégio Estadual Erich Walter Heine. Cidade do Rio de Janeiro, 2014.

No refeitório de muitas escolas são oferecidos lanches e merendas. É importante respeitarmos a fila. Tucumã, Pará, 2016.

Na quadra de esportes são disputados jogos e realizadas aulas de Educação Física. Devemos sempre conservar bem esse lugar, pois é utilizado por todos na escola. Escola Municipal Estácio Sá. Cidade do Rio de Janeiro, 2015.

1. É importante que você conheça os espaços internos de sua escola. Com os colegas e o professor, faça uma visita a todos eles. Observe se há locais diferentes daqueles que você viu nas fotografias. Se houver, anote quais são eles nas linhas abaixo. Boa visita!

_____

_____

_____

2. Complete o diagrama de palavras de acordo com as descrições a seguir.

1. Onde os alunos jogam, brincam e participam das atividades de Educação Física.

2. Para ler, estudar e pesquisar, podemos ir à...

3. Local em que os professores se reúnem e desenvolvem suas atividades quando não estão na sala de aula.

4. Onde os alunos permanecem a maior parte do tempo em que estão na escola: fazendo atividades, conversando com os colegas ou ouvindo as explicações do professor.

5. Local em que os alunos e os responsáveis são recebidos e em que trabalham as pessoas que cuidam da organização da escola.

Ilustrações: Danillo Souza

E S C O L A

A organização da sala de aula

Existem várias formas de organizar o espaço interno da sala de aula.

Veja alguns exemplos, como se estivéssemos olhando as salas de cima para baixo:

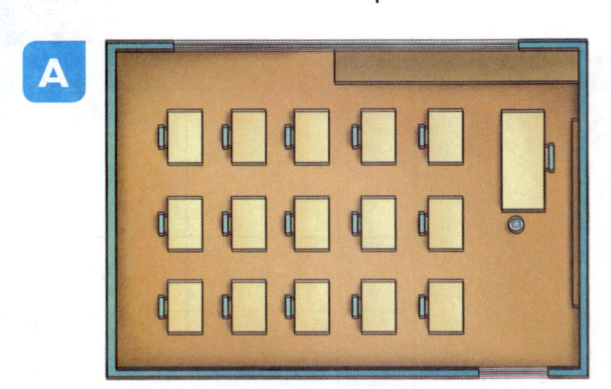

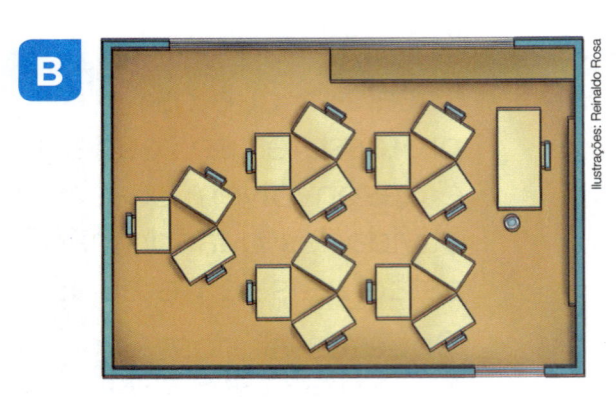

Ilustrações: Reinaldo Rosa

1. Agora, nos quadros abaixo, desenhe uma sala de aula com as carteiras organizadas em **CÍRCULO** e outra com as carteiras organizadas em forma de **QUADRADO**.

2. Marque um **X** na resposta correta e, se for o caso, escreva o que se pede.

   a) A organização de sua sala de aula se parece com a de alguma das salas que vimos na página anterior?

     ☐ Não.

     ☐ Sim. Qual?   ☐ A   ☐ B   ☐ C   ☐ D

   b) Em alguma ocasião sua sala de aula é organizada de forma diferente da habitual?

     ☐ Não.

     ☐ Sim. Que ocasião é essa?

_____

3. Desenhe no quadro a seguir como está organizada sua sala de aula. Não se esqueça de observar todos os elementos dela. Faça o desenho como se estivesse observando a sala de aula e as carteiras de cima para baixo.

A maquete da sala de aula

Você já estudou que, para representar um lugar, podemos desenhá-lo. Além de desenhar, é possível também criar uma **maquete**. A maquete é uma forma de representação de um espaço em tamanho menor.

Veja na fotografia o exemplo da maquete de um prédio. Ao observá-la, as pessoas poderão ter uma ideia de como ficará a construção depois de pronta.

Maquete de um prédio na cidade de São Paulo, 2011.

- Agora você e os colegas construirão uma maquete da sala de aula. Para isso, o professor irá ajudá-los dividindo a turma em grupos e orientando-os durante a atividade. A maquete pode ser construída dentro de uma caixa sem tampa, mas com as laterais altas, como uma caixa de sapatos.

No dia da montagem da maquete, com a ajuda do professor você e os colegas devem cumprir os passos a seguir.

1. Peguem a caixa que escolheram e façam recortes nas laterais para representar as portas e as janelas. Pintem o chão e as paredes da pequena sala de aula. Se preferirem, encapem a caixa.

2. Preparem os objetos que serão usados na maquete. Encapem-nos ou façam recortes e colagens neles até ficarem parecidos com as mesas, as cadeiras, o cesto de lixo, o armário etc.

3. Observem novamente a sala de aula. Organizem os objetos na maquete da mesma forma em que estão dispostos na sala de aula.

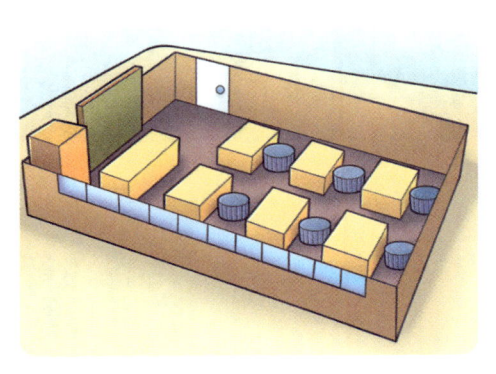

4. Depois de organizarem os objetos, colem-nos na caixa.

5. Com a maquete pronta, converse com os colegas do grupo e responda no caderno:

a) A maquete montada por seu grupo ficou parecida com a sala de aula?

b) Ela ficou parecida com a maquete feita pelos outros grupos? Anote as diferenças percebidas.

c) Seu grupo sentiu alguma dificuldade? Se sim, qual?

Ilustrações: Reinaldo Rosa

1. Em nosso dia a dia na escola ocorrem situações com as quais aprendemos muitas coisas novas e diferentes. Tanto nossos professores quanto outros profissionais da escola colaboram para isso.

Observe com atenção as fotografias abaixo:

Alunos de uma escola em São Caetano do Sul, São Paulo, trabalhando em uma horta, em 2013.

Na imagem vemos uma atividade na aula de Arte de uma escola. São Paulo, São Paulo, 2016.

Agora, em uma roda de conversa com o professor e os colegas, respondam:

- Em sua escola são realizadas algumas atividades como as das imagens? Quais?
- Que outras atividades são desenvolvidas em sua escola?
- Quem são os profissionais que trabalham na escola e participam dessas atividades?

2. Escreva nos quadros abaixo quem são seus vizinhos na sala de aula. Imagine que você é a criança do desenho. Escreva o nome dos colegas que sentam à sua esquerda, à sua direita, à sua frente e atrás de você. **Atenção:** se você senta ao lado da parede, na primeira ou na última carteira, coloque o nome daquilo que está mais perto de você. Por exemplo: se você senta na primeira carteira, pode ser que à sua frente fique a mesa do professor ou a lousa. É o nome desse objeto que você deverá escrever.

Reinaldo Rosa

Periscópio

📖 Para ler

Malala, a menina que queria ir para a escola, de Adriana Carranca. São Paulo: Companhia das Letrinhas, 2015.
Conheça a história de Malala, uma garota de um país chamado Paquistão que sempre defendeu os direitos das meninas à educação. Você vai se emocionar com ela!

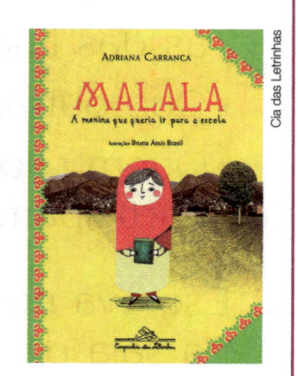

Um passeio pela escola, de Cláudio Martins. São Paulo: Saraiva, 1998.
Um curioso menino que observa com uma luneta sua escola, os professores, os colegas e os funcionários. O que será que ele irá encontrar?

A escola nossa de cada dia, de Edy Lima. São Paulo: Scipione, 1996.
O que existe na escola? Tudo é muito bom? Há coisas chatas também? Vamos descobrir mais detalhes com essa leitura?

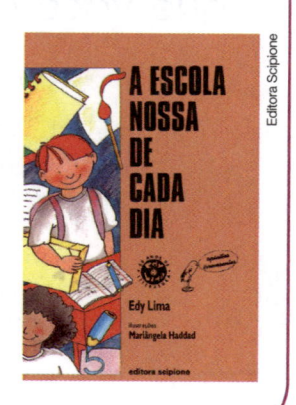

Cada lugar, uma escola

1. Ligue cada recorte à direita ao desenho da escola a que ele pertence, à esquerda.

Ilustrações: Raitan Ohi

• O que mostram os desenhos? Você percebeu diferenças entre eles? São as diferenças entre as escolas que estudaremos agora.

❖ Alguns tipos de escola

Você conhece outras escolas além da que você estuda? Em que elas são diferentes?

Observe com atenção os exemplos abaixo e depois, com a ajuda do professor, leia as legendas:

Podemos chamar as escolas localizadas nas cidades de **escolas urbanas**. Escola Marechal Bormann. Chapecó, Santa Catarina, 2015.

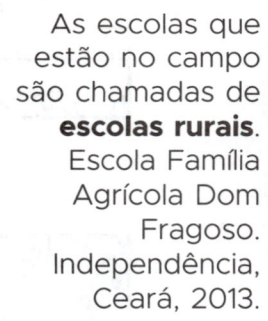

As escolas que estão no campo são chamadas de **escolas rurais**. Escola Família Agrícola Dom Fragoso. Independência, Ceará, 2013.

Existem diferentes tipos de escola. Além de serem distintas no tamanho, elas estão localizadas em lugares diferentes dentro de um município.

Algumas escolas ficam nas cidades, nas chamadas **áreas urbanas**. Outras estão em lugares mais afastados das cidades, que chamamos de **áreas rurais**.

Nas escolas rurais, muitas vezes, além de estudarem Língua Portuguesa, Matemática, Geografia, entre outras disciplinas, os alunos podem aprender as atividades realizadas no campo pela família deles.

Além das escolas urbanas e das rurais, há outras, como as **escolas indígenas**, que podem estar localizadas dentro ou próximo das aldeias indígenas.

Veja um exemplo:

Sala de aula na aldeia Moikarako, da etnia Kayapó. São Félix do Xingu, Pará, 2016.

Em várias aldeias indígenas no Brasil existem escolas parecidas com aquelas que conhecemos. Nas escolas indígenas, porém, procura-se preservar os costumes e hábitos desses povos ensinando às crianças os rituais, a língua, as histórias dos antepassados e transmitindo muitos outros conhecimentos importantes.

A escola guarani: escola da vida

O texto a seguir está escrito em duas línguas: o português e o guarani, falado pelo povo guarani. Conheça um pouco mais dessa língua.

Antigamente, nós, guarani, tínhamos uma educação sem ser escrita no papel. A educação era mantida através da casa de reza e da própria família. Na casa de reza se recebiam, e se recebem, as orientações da vida: o que e como viver.

> Yma ma nhande mbya kuery jareko arandu kuaxia para re he'ỹ...
>
> Arandu jareko Opy'i gui há'e gui nhande xy nhanderu gui.
>
> Opy'i py ma jaikuaa mba'eixa pa jaiko aguá ha'e gui mba'e pa jajapo va'e rá.

K. Wherá et al. *Mbyra Reko (Vida guarani)*. Florianópolis: Epagri, 2008. p. 59.

Cassandra Cury/Pulsar Imagens

Indígenas guaranis no interior de casa de reza da aldeia Tekoa Mymba Roka, conhecida como aldeia Amaral, em Biguaçu, Santa Catarina, 2015.

1. Depois de observar as fotografias e as legendas e conversar com os colegas sobre as diferentes escolas estudadas, complete o quadro abaixo com as diferenças e as semelhanças entre a escola rural, a escola urbana, a escola indígena e sua escola.

	Semelhanças	Diferenças
Urbana	Aprende-se Língua Portuguesa. Há carteiras e lousa. Os alunos usam cadernos e livros.	
Rural		
Indígena		
Minha escola		

❖ Outras escolas mundo afora

Você já imaginou como outras crianças no mundo estudam? Será que elas estudam assuntos diferentes dos que você estuda?

Veja as fotografias que mostram escolas em diferentes países.

Esta é uma escola na Bolívia, em uma cidade chamada Uyuni. A Bolívia fica na América do Sul. Nessa escola os alunos aprendem o espanhol e outras disciplinas, assim como no Brasil.

Esta escola localiza-se na França, na cidade de Saint-Étienne. A França fica na Europa. Assim como em outras escolas pelo mundo, os alunos aprendem muitas coisas. Eles também estudam a língua falada no país, o francês.

Esta escola fica no Quênia. O Quênia é um país da África. Nessa escola os alunos estudam a língua inglesa e a língua suaíli.

Assim como você, crianças do mundo todo frequentam escolas para aprender a ler, escrever, calcular, refletir, criar, entre outras atividades importantes para a vida.

1. Agora o professor mostrará a você e aos colegas a localização dos países onde estão as escolas que acabamos de conhecer. Prestem atenção: o professor utilizará um **mapa do mundo** para localizar a Bolívia, a França, o Quênia e o Brasil.

Observem e respondam:

a) Qual das escolas localiza-se em um país mais próximo do Brasil? Qual é o nome desse país?

_____

b) Quais são os continentes onde se localizam as escolas que você conheceu?

_____

2. As crianças de outros países estudam línguas diferentes daquela que estudamos aqui no Brasil. Ligue os países onde se localiza a escola à língua estudada em cada uma.

Brasil		espanhol
Bolívia		português
França		suaíli/inglês
Quênia		francês

 **Construir um mundo melhor**

Vamos garantir a acessibilidade na escola!

Observe as imagens e diga: o que elas estão mostrando?

Vaga exclusiva para deficientes físicos na cidade de São Paulo, São Paulo, 2014.

Telefone para deficientes auditivos em Cuiabá, Mato Grosso, 2014.

As imagens mostram alguns recursos que possibilitam às pessoas com deficiência fazer tarefas do dia a dia, como estacionar o carro, falar ao telefone e utilizar o sanitário.

Placa informativa de sanitário adaptado e com inscrição em braile, em Brodowski, São Paulo, 2014.

Nas escolas também é muito importante que existam esses recursos. Observe algumas adaptações que devem existir no espaço escolar.

É importante que as pessoas cegas ou com baixa visão tenham materiais adequados disponíveis.

Quem utiliza cadeira de rodas precisa de uma mesa que atenda a suas necessidades.

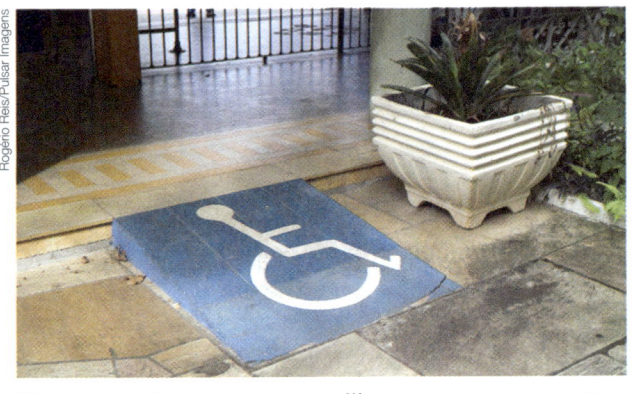

Rampas de acesso auxiliam pessoas com dificuldades de locomoção, em Caxambu, Minas Gerais, 2016.

Agora você e os colegas verificarão se a escola de vocês está adaptada para receber todas as pessoas.

1. Deem uma volta pela escola e observem se há nela adaptações como aquelas que você viu acima.

2. Em seguida, elaborem uma carta com desenhos que mostrem o que a escola ainda precisa para que um aluno, professor ou funcionário com alguma deficiência possa circular por ela ou para que um aluno com deficiência possa estudar.

3. Desenhem também uma sugestão que seu grupo julgue importante para atender colegas que necessitem de apoio.

4. A carta poderá ser entregue ao diretor ou ao supervisor da escola.

1. Converse com os colegas e responda: O que significa dizer que cada lugar tem uma escola diferente?

_____

_____

_____

2. Quais são as diferentes escolas que você conheceu no estudo desta unidade? Pinte os quadros para responder.

escolas rurais	escola muito engraçada	escolas da rua
escolas urbanas	escolas de carros	escolas indígenas
nenhuma escola	escolas em diferentes países	escolas de animais

3. Leia os depoimentos e complete os espaços com as palavras destacadas abaixo.

rural   urbana   indígena

a) Meu nome é Caiana. Tenho 9 anos e vivo em uma aldeia kaingang. Eu estudo em uma escola

_____. Lá nossa cultura é preservada e ensinada para as crianças.

b) Sou Fabiana e vivo em um sítio no interior do estado de São Paulo. Gosto muito de minha escola, pois lá aprendemos a valorizar o trabalho de nossos pais no campo e conhecemos melhor a época de plantar e

de colher. Eu estudo em uma escola _____.

c) Eu me chamo Cláudio e moro no centro da cidade do Recife. Eu estudo em uma escola que fica na cidade. As escolas que ficam nas cidades recebem o nome

de escola _____.

4. Copie o desenho da esquerda no quadriculado da direita. Em seguida, pinte o seu desenho.

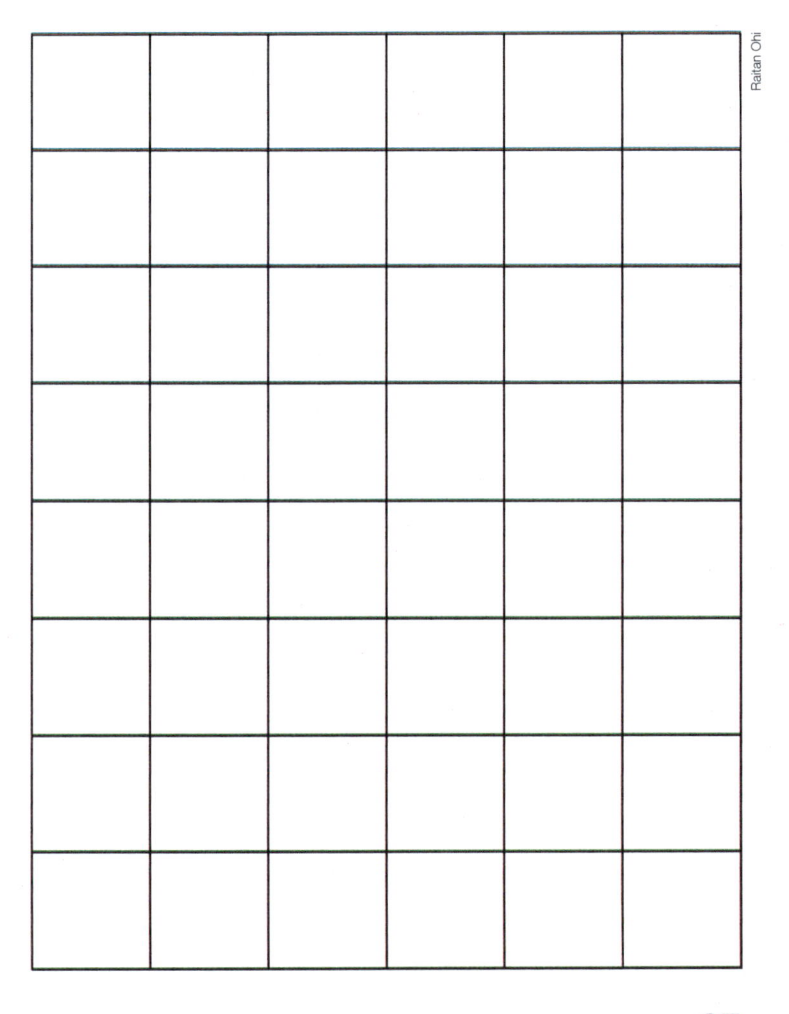

Raitan Ohi

 **Periscópio**

Para ler

Crianças como você, de Barnabas e Anabel Kindersley. São Paulo: Ática, 2009.
Conheça crianças como você e saiba como elas estudam, como brincam... enfim, como é a rotina delas. Será muito diferente da sua?

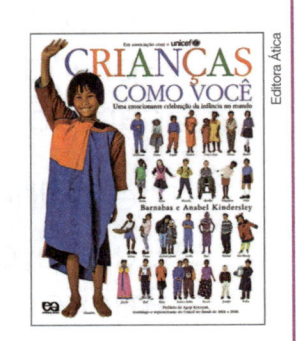

Samira não quer ir à escola, de Christian Lamblin. São Paulo: Ática, 2002.
Samira não gosta nada, nada de ir à escola. Mas o que fazer?

Uma aldeia perto de casa, de Telma Guimarães Castro Andrade. São Paulo: Atual, 2003.
Os pais de Marcelo levam ele e a irmã para conhecer uma aldeia indígena. Lá eles encontram tudo bem diferente do que imaginavam!

Kabá Darebu, de Daniel Mundukuru. São Paulo: Brinque-Book, 2002.
Kabá é uma criança que vive em uma aldeia na Floresta Amazônica. Nesse livro, ele conta como é seu cotidiano.

Para acessar

Turma da Mônica: essa turma é antenada nas questões de acessibilidade!
Disponível em: <http://turmadamonica.uol.com.br/acessibilidade>.
Acesso em: 15 maio 2017.

As escolas e suas transformações

1. Os símbolos abaixo são códigos. Eles estão ordenados de modo que, se forem substituídos pelas letras que representam, formarão uma frase. Vamos lá?

Ilustrações: Raitan Ohi

- Você descobriu a frase? Então, escreva-a.

_____

2. Já sabe o que estudaremos nesta unidade? Conte aos colegas.

 As escolas no passado e no presente: o que mudou?

Já estudamos as moradias, não é mesmo? Vimos que elas podem ser modificadas pelas pessoas no decorrer do tempo. E as escolas? Será que as escolas também podem ser transformadas?

O professor lerá a história a seguir. Após ouvir, leia o texto mais uma vez com os colegas.

Há mais de dois mil anos, um bebê muito esperto veio ao mundo. Chamava-se Erastótenes. Seus pais eram gregos e moravam em Cirene, uma cidade grega situada em um ponto da costa da África onde hoje é o país que se conhece como Líbia. [...]

Quando tinha seis anos, foi para a escola, que, naquele tempo, se chamava ginásio. [...]

No ginásio não havia carteiras, nem papel, nem lápis. E também não havia meninas. As meninas ficavam em casa aprendendo a cozinhar e a tecer. Poucas aprendiam a ler e a escrever. Os alunos sentavam-se no chão e, em vez de canetas, tinham estiletes, que eram varetas com ponta aguçada usadas para escrever em placas feitas de cera.

Erastótenes adorava ir ao ginásio. Era sua oportunidade de fazer mais perguntas.

Entre uma pergunta e outra, ele e os outros alunos aprendiam a ler, escrever, aprendiam *aritmética*, música e poesia. Aprendiam até a tocar *lira* e recitar poesias ao mesmo tempo.

Kathryn Lasky. *O bibliotecário que mediu a Terra*. Rio de Janeiro: Salamandra, 2001.

> **Aritmética:** parte da Matemática que estuda as operações numéricas: soma, subtração, divisão e multiplicação.
> **Lira:** instrumento musical.

1. Sobre o que o texto fala?

2. Com que idade Erastótenes começou a frequentar a escola?

3. E você? Com quantos anos foi à escola pela primeira vez? Se você não souber, pergunte aos responsáveis por você.

4. Leia as frases abaixo. Depois, sublinhe as que falam **como eram as escolas** no tempo de Erastótenes.

  a) Havia carteiras.

  b) Não havia papel e lápis.

  c) As meninas não iam à escola.

  d) Os alunos aprendiam a ler e a escrever.

  e) Os alunos aprendiam somente música e poesia.

  f) Eles usavam papel e caneta para escrever.

  g) Eles sentavam-se no chão.

  h) As crianças escreviam em placas de cera.

5. Comparando a escola da época em que Erastótenes estudava com a sua escola, cite uma mudança de que você gostou.

6. Assim como as casas, as escolas podem ser modificadas pelas pessoas. Mas isso é importante? O que você pensa a respeito?

Meninas na escola

Você sabia que, no Brasil, há cerca de 100 anos, meninas não podiam frequentar a escola? Isso mesmo, estudar era um direito reservado somente para os meninos. Naquela época, a maioria das famílias acreditava que as

Alunos em escola de Vila Colombo, no Paraná, em 1940.

meninas não precisavam ir à escola, já que seriam, quando adultas, esposas e mães. Ainda bem que, de lá para cá, isso mudou em nosso país, e hoje meninas e meninos frequentam a escola igualmente e mulheres e homens podem exercer as mesmas profissões.

Mas isso não é uma realidade que mudou em todos os lugares do mundo. Em alguns países, as meninas continuam sendo proibidas de estudar. É o caso de escolas no Níger e na Tanzânia, países da África, no Paquistão e em Bangladesh, na Ásia.

Meninos em escola de Daka, em Bangladesh, em 2015.

As escolas e a tecnologia

Muitas mudanças que vemos nas escolas estão ligadas à evolução das **tecnologias**. Veja, na tabela a seguir, exemplos de alguns objetos e equipamentos que são usados nas escolas.

> **Tecnologia:** instrumentos e maneiras de se fazer as coisas com base nos conhecimentos da Ciência ou da Engenharia.

No caderno, você deverá desenhar algum objeto presente em sua escola que tenha sido desenvolvido com novas tecnologias. Para isso, converse com os colegas e o professor. Não se esqueça de dizer por que você acha importante o uso dele.

Mudanças tecnológicas na escola		
Como era?	**O que está mudando?**	**Por que a mudança é importante?**
Torneiras antigas eram muitas vezes esquecidas abertas ou não eram fechadas corretamente.	Algumas torneiras atualmente fornecem apenas a quantidade necessária para nossa higiene.	Economia de água.
As lâmpadas incandescentes de antigamente consumiam grande quantidade de energia.	As lâmpadas LED's atuais são mais econômicas.	Economia de energia.

Representação da escola: a planta

O espaço interno das escolas também pode ser modificado no decorrer do tempo.

Observe atentamente duas plantas da escola de Marisa. A primeira mostra a escola quando ela estudava na Educação Infantil. A segunda é atual, pois Marisa está no 2º ano do Ensino Fundamental.

Esta é a escola de Marisa antigamente.

Ricardo Dantas

Esta é a escola de Marisa atualmente.

Ricardo Dantas

1. Agora, em uma roda de conversa, fale com os colegas sobre as mudanças que você pôde observar. Comparem uma planta com outra e respondam:

   a) Atualmente existem mais ou menos salas?

   b) Atualmente existem mais ou menos banheiros?

   c) O espaço construído aumentou ou diminuiu?

   d) O que é a planta de um lugar?

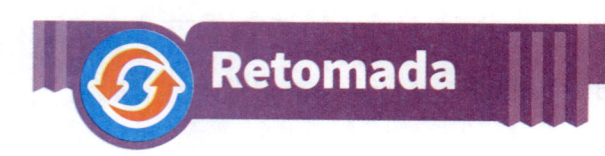

Retomada

1. Marque um **X** nos quadrinhos das frases corretas.

☐ As transformações nas escolas nunca acontecem.

☐ As escolas podem ser transformadas para melhor receber os alunos.

☐ As escolas são sempre iguais.

☐ A escola é importante em nossa vida e sempre nos lembraremos dela.

2. A escola é um lugar onde passamos muitos dias de nossa vida. É um lugar do qual sempre nos lembraremos. Leia o texto a seguir.

Era assim: primeiro a gente formava uma filona, um empurrando o outro. A gente se amontoava pra conseguir um lugar na frente, uns até encolhiam os ombros para ficar menores de tamanho.

– Menores na frente, maiores atrás. Vamos esticar o braço direito pra manter a distância! – Dona Vitória pedia.

Daí a gente esticava o braço direito e colocava no ombro do colega que estava na frente.

Pronto. O sinal tocava e entrávamos na classe.

Eu corria pra colocar o meu saquinho de lanche na prateleira. [...]

Dona Vitória entrava rapidinho e já ia dando um sorriso enorme, gostoso. Abria as janelas e deixava aquele sol bom de dar sono entrar pelo meio das cortinas de pano. E lá vinham mais letras, números, algumas palavras diferentes, muitos desenhos.

Telma Guimarães Castro Andrade. *A alegria da classe*. São Paulo: Atual, 2012.

a) A autora do texto fez um registro de como eram os dias na escola. Ela utilizou a memória para escrever esse registro?

b) Você se lembra do nome de algum professor ou professora que já teve?

c) Você se lembra de como era a sala de aula onde você estudava em um ano anterior? Escreva no caderno um pouco sobre ela.

3. Converse com os colegas e o professor e responda: Existe algum espaço na escola que você gostaria que fosse diferente? Se você pudesse mudá-lo, o que faria?

_____

_____

4. Observe a planta de uma sala de aula. Nela, faltam algumas partes. Indique corretamente os desenhos que completam a planta.

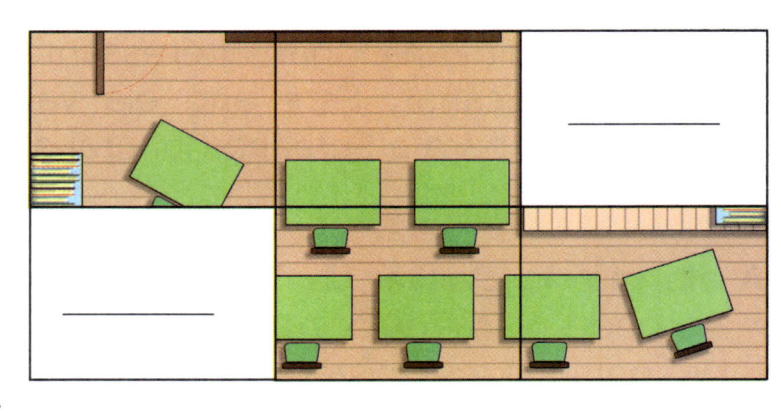

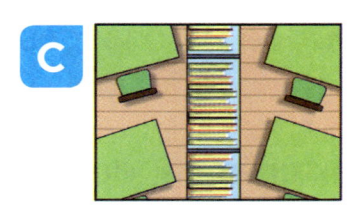

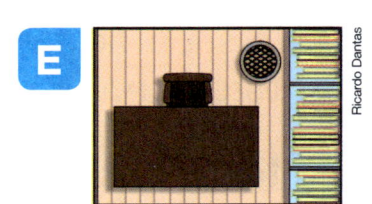

Ricardo Dantas

Periscópio

Para ler

Chiquinha: escola & mundo afora, de Miguel Paiva. Rio de Janeiro: Rovelle, 2014.
Do que Chiquinha mais gosta na escola? Que profissão terá? Ela adora ouvir histórias sobre lugares. E você?

Bullying na escola: todo mundo tem sotaque, de Cristina Klein. Blumenau: Blu, 2011.
Você sabe o que é *bullying*? Vamos conversar sobre isso?

Vovó Nanã vai à escola, de Dagoberto José Fonseca. São Paulo: FTD, 2008.
Aisha e Yetundê são primas e moram na casa da avó. Vovó Nanã nasceu na Nigéria, África, e conta muitas histórias interessantes sobre as origens africanas. Este ano ela vai ser muito importante para a Semana Cultural da escola de suas netas.

A alegria da classe, de Telma Guimarães Castro Andrade. São Paulo: Atual, 1996.
Um personagem misterioso aparece para conversar com a turma da escola. Mas quem será? Como ele sabe de tanta coisa que as crianças fizeram? Mistério no ar... Vamos descobrir qual é?

Eu tenho o direito de ser criança, de Alain Serres e Aurélia Fronty. Rio de Janeiro: Pequena Zahar, 2015.
Você sabe quais são seus direitos? Vamos conhecer a Convenção sobre os Direitos da Criança?

Referências

ALDEROQUI, Silvia. *Paseos urbanos* – El arte de caminar como práctica pedagógica. Buenos Aires: Lugar Editorial, 2012.

ALMEIDA, Rosângela D. de (Org.). *Cartografia escolar*. São Paulo: Contexto, 2007.

_____. *Do desenho ao mapa*: iniciação cartográfica na escola. São Paulo: Contexto, 2006.

_____; PASSINI, Elza Y. *O espaço geográfico*: ensino e representação. São Paulo: Contexto, 2010.

ANUÁRIO estatístico do Brasil 2016. Rio de Janeiro: IBGE, 2017. Disponível em: <https://loja.ibge.gov.br/anuario-estatistico-do-brasil-2016.html>. Acesso em: 3 out. 2017.

ATLAS geográfico escolar. Rio de Janeiro: IBGE, 2016.

BRANCO, Samuel M. *O ambiente de nossa casa*. São Paulo: Moderna, 1995.

BRASIL. Ministério da Educação. Secretaria de Educação Básica. *Diretrizes Curriculares Nacionais Gerais da Educação Básica*. Brasília, 2000.

_____. Ministério da Educação. Secretaria de Educação Fundamental. *Parâmetros Curriculares Nacionais*: primeiro e segundo ciclos do Ensino Fundamental: Geografia. Brasília, 2000.

_____. Ministério da Educação. *Base Nacional Comum Curricular*. Brasília, 2017. Disponível em: <http://basenacionalcomum.mec.gov.br/wp-content/uploads/2018/04/BNCC_19mar2018_versaofinal.pdf>. Acesso em: 3 maio 2018.

CARLOS, Ana Fani A. *A Geografia em sala de aula*. São Paulo: Contexto, 1999.

CASTELLAR, Sonia (Org.). *Educação geográfica*: teorias e práticas docentes. São Paulo: Contexto, 2001.

COLL, César; TEBEROSKY, Ana. *Aprendendo História e Geografia* – Conteúdos essenciais para o Ensino Fundamental. São Paulo: Ática, 2000.

GUERRERO, Ana Lúcia de Araújo. *Alfabetização e letramento cartográficos na Geografia escolar*. São Paulo: Edições SM, 2012.

INSTITUTO Brasileiro de Geografia e Estatística – IBGE. Disponível em: <www.ibge.gov.br>. Acesso em: out. 2017.

JECUPÉ, Kaka Werá. *A terra dos mil povos*: história indígena brasileira contada por um índio. São Paulo: Peirópolis, 1998.

KIMURA, Shoko. *Geografia no Ensino Básico* – Questões e respostas. São Paulo: Contexto, 2010.

LE SANN, Janine. *Geografia no Ensino Fundamental 1*. Belo Horizonte: Fino Traço, 2011.

_____. *A Caminho da Geografia*: uma proposta pedagógica. Belo Horizonte: Dimensão, 2005. v. 1 e 2.

LIEBMANN, Marian. *Exercícios de Arte para grupos*: um manual de temas, jogos e exercícios. São Paulo: Summus, 2000.

MARCONDES, Beatriz; MENEZES, Gilda; TOSHIMITSU, Thaís. *Como usar outras linguagens na sala de aula*. São Paulo: Contexto, 2000.

MENDONÇA, Francisco de Assis. *Geografia e meio ambiente*. São Paulo: Contexto 1993.

MORETTO, Vasco Pedro. *Prova, um momento privilegiado de estudo, não um acerto de contas*. Rio de Janeiro: Lamparina, 2010.

OLIVEIRA, Cêurio de. *Dicionário cartográfico*. Rio de Janeiro: IBGE, 1993.

SANTAELLA, Lucia. *Leitura de imagens*. São Paulo: Melhoramentos, 2012.

SCHÄFFER, Neiva Otero et al. *Um globo em suas mãos*: práticas para a sala de aula. Porto Alegre: Editora da UFRGS, 2003.

SIMIELLI, Maria Elena Ramos. *Primeiros mapas*: como entender e construir. São Paulo: Ática, 2007. v. 1 e 2.

ZABALA, Antoni (Org.). *Como trabalhar os conteúdos procedimentais em aula*. Porto Alegre: Artmed, 1999.

Material complementar

Unidade 2 – página 24

Ilustrações para a atividade 1 da página 24

Ilustrações: Raitan Ohi

Unidade 4 – página 57

Ilustrações para a atividade 3 da página 57

Ilustrações: Raitan Ohi

Recortar: